U0347013

查尔斯·汉迪管理经典

大象
与跳蚤

预见组织和个人的未来

THE ELEPHANT
AND THE FLEA

[英] 查尔斯·汉迪 著　李国宏 译
Charles Handy

机械工业出版社
CHINA MACHINE PRESS

本书是查尔斯·汉迪的经典著作，书中探讨了个体与大型组织之间的共存关系。汉迪将庞大的企业或组织比喻为笨重的"大象"，独立工作的小企业或自由职业者则被比喻为灵活的"跳蚤"。在本书中，汉迪结合自己的经历，从中年转变为独立工作者的那一天起，回顾并展望了教育、婚姻、社会结构、管理思潮、资本机制等多个领域的实质性变化。他指出，在当今及未来这个更具弹性的世界里，"组合式工作"将成为主流，每个人都可能会经历成为"跳蚤"的转变。面对这样的转变，我们该如何学习推销自己，如何自我定价，如何安排个人的学习和发展，如何与大型组织维持平衡的关系，如何平衡生活与婚姻，并找到生命与工作的意义？汉迪在书中分享了他的见解和答案。

图书在版编目（CIP）数据

大象与跳蚤：预见组织和个人的未来 /（英）查尔斯·汉迪（Charles Handy）著；李国宏译. -- 北京：机械工业出版社，2025. 2. --（查尔斯·汉迪管理经典）.

ISBN 978-7-111-77194-4

Ⅰ. F272.9

中国国家版本馆 CIP 数据核字第 20255CT862 号

机械工业出版社（北京市百万庄大街 22 号　邮政编码 100037）
策划编辑：石美华　　　　　　　责任编辑：石美华　周思思
责任校对：高凯月　李可意　景　飞　　责任印制：郜　敏
三河市国英印务有限公司印刷
2025 年 2 月第 1 版第 1 次印刷
170mm×240mm·13.5 印张·1 插页·164 千字
标准书号：ISBN 978-7-111-77194-4
定价：69.00 元

电话服务　　　　　　　　　　网络服务
客服电话：010-88361066　机　工　官　网：www.cmpbook.com
　　　　　010-88379833　机　工　官　博：weibo.com/cmp1952
　　　　　010-68326294　金　书　网：www.golden-book.com
封底无防伪标均为盗版　机工教育服务网：www.cmpedu.com

译者序
The Translator's Words

　　查尔斯·汉迪与彼得·德鲁克被誉为大西洋两岸的管理学研究巨擘，然而汉迪更希望自己被称为管理哲学家，因为他的研究视角超越了单纯的组织管理，关注的是人与人、人与组织以及人与社会之间的关系，对当代社会的诸多问题进行了深刻的道德伦理层面的思考。在本书中，汉迪将庞大的企业或组织比喻为笨重的大象，独立工作的小企业或自由职业者则被比喻为灵活的跳蚤，以自己的生活及职业生涯为线索，串联起工作与生活、传统与创新、个人与社会之间的复杂关系，不仅记录了个人成长的历程，还阐述了对现代社会变迁与组织管理的反思和对未来的预见。

　　"跳蚤"的春天即将到来。在传统的职业观念中，工作常常被视为线性的发展轨迹。大象般的企业能提供稳定的职业发展路径和优厚的福利待遇，但会使许多职场人士在工作中受到既定规则和传统观念的束缚，无法发挥自己的潜力与创造力。汉迪预见传统的全职工作模式会日趋衰落，并提出了"组合式工作"的理念。职业转变的关键在于自我觉醒，跳蚤般的个体需要深入了解自己的兴趣、价值观、潜力和内心的需求，在职业生涯中找到真正的快乐与满足。社会仍然需要大象般的企业，这些企业会比以往任何时候都更加强大和具有影响力。跳蚤般的个体在经历职业转型时可能会感到不安和焦虑，这种不安源于对未知的恐惧和对现有舒适区的依赖。建立良好的人际网络，寻求专业的指导，通过与他人交流与合作，跳蚤般的个体就能够获得更多的视角与经验，从而更好地应对变化。

"大象"与"跳蚤"需要共同创新与学习。汉迪提出了以管理者和员工为核心，以外部合同员工和兼职员工为补充的"三叶草组织"的概念，这种组织形式能够更好地适应数字化时代的需求，同时保持员工的创新性和积极性。通过研发投入和组织变革，大象般的企业能够开发新产品，提高生产效率和改善服务。然而，大企业在创新过程中可能出现的失败，会对传统产业和就业造成影响。汉迪强调，职业生涯的成功不仅依赖于专业技能，更有赖于培养个人的适应能力和人际交往能力。教育不仅是知识的传授，更是对个体潜能的开发与激发。学校应该为学生创造安全的环境，让他们能够自由试错，从中学习与成长。通过培养学生的创造力和独立思考能力，增强心理韧性，使他们在未来的生活中更加自信和从容。汉迪提倡终身学习，强调激情在学习和工作中的重要性。他认为学习不应局限于学校，还应涉及毕业后生活的各个方面，并终身持续。

"大象"与"跳蚤"需要共同修炼，修齐治平。在全球化背景下，大象般的企业在强调标准化操作和集中管理的重要性时，也需要放权，以适应不同市场的需求。全球化为企业提供了增长机会，但也带来了对本土文化和经济的冲击，以及全球不平等的加剧。对此，汉迪呼吁重新思考企业在全球经济中的角色，它们需要更多地依赖于合作伙伴和企业联盟。未来的工作模式将更加灵活，大象般的企业将更多地依赖于远程工作、项目团队和临时合同。建立和维护公平、透明的法律体系，对于确保大企业担负社会责任的行为至关重要。汉迪认为，无论进行何种职业的选择，家庭、婚姻和亲子关系永远是职业发展的基石。灵活的工作模式为跳蚤般的个体提供了更多的选择，使他们能够根据家庭需求调整工作时间，从而拥有更好的生活质量。然而，平衡工作与家庭的关系并非易事。人们需要明确自己的优先事项，合理规划时间，确保在工作与家庭之间找到合适的平衡点。汉迪强调，童年时的经历会以各种方式影响人们的现在和未来，而理解和接受这些影响是个人成长的重要部分。婚姻需要双方的共同努力与投入，有效的沟通与理解是维护婚姻关系的重要因素。亲子关系是家庭中最为复杂且重要的关系之一，随着个体意识的增强，家庭成员之间的互动将变得更加开放与平等。

对金钱的态度，决定着"大象"与"跳蚤"的格局。 汉迪反对将大企业的股东利益置于一切之上的商业理念，认为这种理念忽视了企业的其他重要目标，如提供有价值的产品和服务，创造良好的工作环境，投资未来和尊重社区需求。他倾向于将金钱视为工具，而不是生活的最终目标，认为金钱应该用于创造回忆和体验，而非单纯积累。汉迪鼓励人们重新审视自己的生活，关注内心的声音，寻找真正令自己感到快乐和充实的事情，在物质与精神之间寻求更好的平衡。

人生如逆旅，我亦是行人。本书的读者会被汉迪的勇气和真诚所打动，他不仅分享了自己的成功和成就，也坦诚地讨论了自己的失败与挑战。每个人都会经历人生的起伏和变化，愿每位读者有能力通过不断地学习、适应与创新，创造有意义的生活和工作，在变化的世界中找到自己的归宿。

李国宏

2024 年 10 月于北京

目录
Contents

PART 1

第一部分

一

Chapter 1

第一章

1981 年：开启中年第二春

　　1981 年 7 月 25 日的拂晓时分，我早早醒来。今天是我 49 岁的生日。人们通常可能会认为过个生日不算什么大事，但我朦朦胧胧地意识到，"今天真的是我余生的第一天"这句经典名言一语中的。六天后，我将走上由自己选择的失业之路。当然，这并不能真正地称为失业，我自豪地用几年前自己创造的词来描述这一现象，我实际上是在"拥抱组合式工作"。预计到 20 世纪末，越来越多的人将以此作为首选的工作方式。

　　在撒切尔夫人在英国执政初期，我就曾大胆预言，到 2000 年将只有不到一半的工作人口从事所谓签订"无固定期限的劳动合同"的全职工作。其余的人可能是个体经营者，可能是兼职工作者，也可能是两种角色兼备，或者干脆就是义务工作者。当时我就认为，如果人们想谋生，将需要不同的有偿工作组合，或者是为不同用户或客户服务的工作组合。的确，一个人充实而丰富的生活中会有更复杂的不同类别的工作或学习组合，比如，有偿工作，依靠天赋的工作，半工半读或放下工作的全日制学习，另外对于已婚的男性或女性，做饭、育儿、收拾屋子也是必不可少的工作。变化的工作及生活的平衡，实际上是伴随着闲暇与愉悦的不同形式的工作组合。

企业高管、政客和学者们对我的观点嗤之以鼻，认为我提出的"家庭主夫"现象在世纪之交并不会成为现实。他们坚信，基于创业精神和自力更生的撒切尔主义能为所有追求传统工作的人创造繁荣的经济环境。分歧的核心在于如何实现充分就业的目标。理想的状态是构建每个人都能充分就业的社会，然而我认为这个目标不值得再继续探讨。

我与一位 48 岁的广告客户经理探讨他对这个问题的疑虑，他向我抱怨说，在存在年龄歧视的广告界，像他这样的人已经工作无门了。当他正在我家和我聊天时，修理线路的电工从门后探出脑袋，说他会回来接着干没完成的工作，但一周内不行。"对不起，"他看着因失望而黑着脸的我说，"我现在的活儿太多了。"

我告诉这位客户经理，这就是未来的趋势，客户和消费者需要很多与电工类似的个体工作者，提前几年把工作时间预支给一个组织的工作类型将越来越少。

像这个客户经理一样，人们对待这个问题的选择是听而不闻。20 世纪的职场为人们提供了大量的便利——对大多数人来说稳定的家庭收入、便捷的税收机制、网格化的社会管理。正因如此，人们知道在哪里工作；每个人也知道正身处何地，未来几年会做什么。即使一生中会变换一两次工作，大象般的大企业提供的工作机会也是人们职业选择的主要方向，人们似乎相信这种做法能防止社会堕落为自私自利的主战场，避免每个人都成为人不为己、天诛地灭的个体。然而，我所预见的是完全不同的世界，对大多数人来说，世界充满了不安全感、不确定性和恐惧。人们说"我们不喜欢这样的世界"，并希望这类事情不会发生。我对此感同身受。我也不太喜欢这样的世界，不过希望它烟消云散也于事无补。

我用哲学家亚瑟·叔本华对真理的洞察来宽慰自己。所有的真理都要经过三个阶段，首先，受到嘲笑；然后，遭到强烈的反对；最后，被理所当然地接受。

事实证明，到 2000 年，在英国签订无固定期限劳动合同的全职工作已经下降到 40%，英国广播公司国际广播电台（BBC World Service）播放《男性的未来在哪里？》栏目，因为女性似乎除了原有的企业和职业之外还掌控着一切。重新定义后的充分就业意味着法定的劳动者只有不到 5% 的人需要救济，其他人工作与否都无关紧要。到 1996 年，英国 67% 的企业已经只有 1 名员工，也就是老板自己。而在 1994 年，雇用人数少于 5 名员工的企业，即通常所称的小微企业，占企业总数的 89%，换言之，只有 11% 的英国企业员工人数超过 5 名。

然而早在 1981 年，我就认为仅仅预言是不够的，应该率先垂范，打破舒适圈，脱离大企业的庇护自谋生路。我把自己比喻为一只跳蚤，从 20 世纪雇用社会支柱的大企业——大象的世界中跳脱。跳蚤是独立的经营者，有些开办了自己的小型企业，有些则独立工作或与人合伙。

大象与跳蚤是一个有些晦涩的比喻，被比喻的双方都不太认可。我曾在一次公开讲座中灵光乍现，用它来解释为什么大型企业需要激发个人或群体，来推出对企业生存至关重要的创新思路和想法。讲座结束后，很多人围在我身边，他们或自称是那只跳蚤般的个体，或为所服务的大象般的大企业步履蹒跚感到惋惜。这个比喻似乎引发了他们的共鸣，我因此经常提及。然而和所有的比喻一样，它不应被过度解读。大象与跳蚤的比喻可以吸引大家的注意力，却并非解决问题的"万金油"，但作为对现代社会职业分工的宽泛描述，还是颇受欢迎的。

普遍看来，大象般的大企业汇集了人们的所有关注，而大多数人实际上是作为跳蚤或跳蚤类的企业在工作。例如，如今在英国的各国风味餐厅工作的人数比在钢铁、煤炭、造船和汽车制造企业工作的人数总和还要多。随着经济从制造业转向服务业，这些古老的大象般的企业已经被跳蚤企业所取代，通向新世界的大门已经打开。

对我来说这也是一个新世界，在这里，我要用安稳的工作换取自由的天空。

我有幸在最大的商业大象之一——荷兰皇家壳牌集团（简称壳牌公司）工作了十年。在我上班的第一天，公司就已经将我的养老金做了细致的规划，以此表明他们打算占据我的整个职业生涯。我离开后，进入了同样安全的大学世界，在那里，"终身教授"的职位意味着在退休前教书的权利，不论你的观点多么激进或过时。在那之后，我进入温莎城堡工作，在那里，永久和连续已经成为城堡的基因。

就在 1981 年 7 月 25 日的晨曦中，我躺在床上欣赏着 16 世纪的唱诗班指挥在房间墙上画的音符。我当时的临时居所是亨利三世 13 世纪的宫殿，这座建筑后来被当作圣乔治教堂的唱诗班学校使用。在过去的四年里，我一直担任圣乔治学院的校长，作为温莎城堡里的小型会议和研究中心，该学院的主要任务是讨论社会道德问题，以及对教会中高级神职人员进行培训。我曾对来访者介绍，该中心的会议室曾是由威廉·莎士比亚亲自执导的《温莎的风流妇人》（*The Merry Wives of Windsor*）的表演场所，英国女王伊丽莎白一世曾在此观赏演出。

城堡的职员递给我一把很大的钥匙，让我可以进入一个不对公众开放的区域。她请我在一本古老的皮制登记簿上签名，并嘱咐我："请把年月日都写清楚，要不我们可能会分不清几个世纪的记录。"最近，圣乔治教堂的教士被授予教堂永久不动产权，他们能够拥有教堂的房产和职位不是只到退休，而是直到去世。温莎城堡历史悠久，还会不断延续下去。

固若金汤的温莎城堡曾是研究外面不断变化的世界的绝佳场所，但在1981年，在我变得过于僵化而无法独立生存之前，是时候离开它的庇护，外出探索我的新世界了。当时我没有存款和贷款，有妻子及两个十几岁的孩子，在每个机构工作的时间不够久，也没有养老金。生活将会有点儿不确定，我分析了自己的特长，我所能做的就是写作和演讲。回想起那天早上如此冲动地辞职也许过于鲁莽，但我只是为了践行自己倡导的理念，离开大象般的大企业的阵营成为一只孤勇的跳蚤般的个体。我预计，未来跳蚤般的个体数量将会越来越多。

在那之前，我的生活并没有为我现在所面对的独立打拼做好最佳准备。实际上，回首早期在爱尔兰乡村教区成长的经历，我所接受的是最好的（或许也是最差的）英国公立学校和牛津剑桥的传统教育，随后在一个国际化公司工作，接受的是英国的军人和公务员的培养模式，我意识到这些对于迎接新挑战无济于事。我感觉就算是我协助成立的商学院，对我们即将面对的新世界也无能为力。

以上都是20年前的陈年旧事。在某种程度上，这本书是我对世界在这个时期如何变化的个人反思，将来的变化可能会更加快速与剧烈。有些变化在我写作时是重大突破，等读者读到时或许已成明日黄花。资本主义陷入了自身的泥沼，金钱在所有人的生活中扮演着前所未有的更核心的角色，改变了生活的优先次序。

在 1981 年的温莎城堡中，人们的谈话中并没有互联网和万维网的概念。事实上，当时就连 10 年后给世界免费提供网络的英国人蒂姆·伯纳斯 – 李（Tim Berners Lee）[⊖]也未曾设想万维网的存在。然而正是这两个概念的力量在 20 年前以我们想不到的方式改变了跳蚤般的个体和大象般的企业的生活方式。伯纳斯 – 李如今预言，未来的网络世界还将给人们带来更多惊喜。基于以上事实，展望未来 20 年或许会被视为冒进甚至荒谬。然而回望过去，可以认为这些重大事件的发生，只是加速了 1981 年我们讨论的生活可能发生的变化。

我记得原美国驻英国大使，最近从耶鲁大学校长岗位上退休的金曼·布鲁斯特（Kingman Brewster），有一年在演讲中提出一个问题，"我们的未来将托付何人？"他措辞严谨地质疑，我们对社会和生活中短期经济问题的关注是否会妨碍对更根本问题的认识，比如成功的意义、希望子孙继承什么样的社会，以及我们为此所要承担的责任等。时代的脚步匆匆，经济发展变得更加重要，但这些问题仍需要答案。

我出生在爱尔兰，当时的爱尔兰是一个贫穷且牧师众多的地方。那里的时间似乎很有弹性，人们也总聊天。现在爱尔兰正为被贴上"凯尔特之虎"（Celtic Tiger）[⊜]的标签而欢欣鼓舞。我的家乡都柏林也在欣欣向荣地发展着，但在我看来，这里同其他地方一样，交通长期堵塞，充斥着污浊的空气，人们总是忙得面色憔悴，午饭是桌子上的三明治快餐，过去惬意的生活消失了。爱尔兰人已经不再移民而是回流，回来时却发现市内的房价已经飙升，迫使他们不得不住在郊区，每天的通勤加剧了城市的交通阻塞。

⊖ 英国计算机科学家，万维网发明者。——译者注
⊜ 进入 20 世纪 90 年代后，爱尔兰经济突飞猛进，而凯尔特人是爱尔兰岛的早期居民，故人们把这个变化称作"凯尔特虎奇迹"。——译者注

人们慨叹"这里不是记忆中的爱尔兰了，没有时间聊天，郊区的开发已经侵占了太多原有的绿地，与现在其他高速发展的社会没啥不同"。话虽如此，但是他们中的大多数有更多的钱可以花，这不是很好吗？我还真不能确定。

还记得一位教过我的经济学老教授，是定居美国的中欧人。他曾经说过，在一个经济蓬勃发展的国家工作令人兴奋，但他更喜欢住在经济低迷的地方。"在这里你总是可以打到出租车，到餐馆吃饭会有座位，剧院设施更好，人们的聊天更有哲理，还有时间好好生活。"发展是一柄双刃剑，迄今为止我不认为任何新的技术会改变这种窘境。

类似的窘境甚至可能会变得更加艰难。不知为什么，新的技术和生产力不像所期望的那样，会给我们更多的休闲时间，我们似乎比以往任何时候都更加被工作拖累。现在的工作不仅是谋生的手段，还要为视工作为生命的人诠释生活的意义。大部分的工作能应对这个挑战吗？看似成功的资本主义最终会令人大失所望吗？

20 年前的趋势就已经很明显，我们大多数人会活得更久而且更健康，职业生涯也会变得越来越短，尽管没有人预见美国总统会在两届任期后的 50 多岁就退休，或者有人在 30 多岁时就成为英国保守党领袖。1956 年我入职壳牌公司，在收到养老金手册时被告知，以过去的统计数据为参考，我可能只能领取 18 个月的养老金，而我自己的父亲在退休后确实只活了 20 个月。

但是到了 1981 年，大多数人从退休到死亡的旅程，远非 18 个月，而是长达 18 年。尽管看电视、坐游轮和打高尔夫球可以作为消遣，但它们无法填补这段漫长旅程中的所有空白。国家提供的养老金也难以满足我们在这期间的各项支出。因此，我们提出了"第三年龄"的概念，试图为这段旅程注入一些乐观的色彩。然而这并不意味着我们已经知道关于如何度过这段旅程，以及经济上如何支撑的更确切的答案。

20 年前，人们就已经很清楚，企业规模越来越大，内部的部门却越来越精简。有人说有效的全球化的基础是采取本土化的措施。此话听起来不错，但实现这个目标意味着大企业，也就是大象，要重新思考整体的运作方式。企业总部不能像以前那样管控世界各地分部的具体运营。

早期在壳牌公司工作时，我负责在马来西亚沙捞越的婆罗洲销售产品。那时，这里河网密布、道路稀疏，汽油都是船上舷外发动机用的，而不是用在汽车上。加油站的操作手册、设计标准、宣传材料和报表都在伦敦设计，设计者对当地的生活和加油站一无所知，我不得不自己进行设计，也希望没有公司的人来检查。这段经历至少激发了我运用主动性解决问题的潜能，也让我早早意识到在伦敦总部管控各地的运营就是在隔靴搔痒。

在当时就已经显而易见，大型组织自己尝试做所有事情会使得成本和复杂程度飙升。企业总部再次认识到有必要下放一部分运营控制权。一些企业称之为外包或缩编减员，并希望带来企业成本节约的效果。但我推崇的是一种截然不同的组织形式，我称之为"三叶草组织"（shamrock organization）——以管理者和员工为核心，以外部合同员工和兼职员工为补充，类似三片叶子和谐组合的组织形式，我坚决主张在企业一体化的管理中融入必要的灵活性。三叶草是三片叶子合为一体的植物。我担心在匆忙解散这类组织和节省成本的过程中，企业管理者们会抛弃已经培养起来的员工归属感——他们迟早会悔不当初。这种隐忧至今仍困扰我。

如今，任何企业有在业务上包揽天下的自以为是的想法，都将付出高昂的代价。企业间的合作伙伴和联盟关系已经开始建立，航空公司在实行代码共享，汽车公司在实施联合采购，大象般的大企业间互相持股，以便提高企业的影响力或研发能力。所有这些都是由互联网和企业间的合作网络促成的。如果你身处其中会感到兴奋，但新的变化只会让原有问题的解决变得更加紧迫——你如何管理不能完全控制的事物？如何信任那些素未谋面的陌生人？如何在冷冰冰的雇佣合同中让员工找到归属感？

数字化时代，人们工作的世界会是什么样？我相信会成为跳蚤般的个体和大象般的企业的混合体。跳蚤会越来越多，但是大象会变得更少但更大吗？资本主义的未来是什么？目前的价值体现在知识和专项技能上，而不是土地和可见、可计量的资产上，未来将如何改变？如何管理新的、不断扩张的企业？其中的许多企业已经富可敌国，它们将对谁负责？社会将如何适应国家的边界被互联网侵蚀的更虚拟的世界？政府将如何征税？民族国家⊖会生存下来吗？社会会像公司一样变得大小两极分化吗？

就像 20 年前希望看到的一样，我相信人们已经可以瞥见新资本主义发展的端倪，即使它可能还需要 20 年的时间才能发展壮大。人们可能不喜欢即将发生的事情，但会以为可以让自己或孩子们的生活按部就班，而不考虑一起昂首阔步迎接变化的到来。

我的儿子是个演员。他在戏剧学校花了三年的时间，学习如何在舞台上字正腔圆、行云流水地为观众表演。毕业后，现实问题很快就显而易见，尽管他的初衷是传统舞台剧表演，但如果想要谋生，他还需要做大量电影和电视方面的工作。这些需要不同于舞台剧的技巧，但在戏剧学校里，从

⊖ 欧洲近代以来，通过资产阶级革命或民族独立运动建立起来的，以一个或几个民族为国民主体的国家。——译者注

来没有人真正注意到要教授这类技巧。不为世界的变化做准备或寄希望于世界向你所希望的方向发展，都是不现实的。在戏剧学校或其他地方，教给学生不能赖以谋生的技能是不负责任的做法。

过去我自己接受的教育也非常陈腐，对于跳蚤般的个体以后所要过的生活毫无帮助。在本书的后半部分，我将更详细地探讨那种生活的真谛。我相信，大多数人都没有真正的备选方案。我们至少要像跳蚤般的个体一样生活一段时间，扮演生活中独立的角色。事实上，由于组织的财富将归功于员工和他们的智慧，甚至大象般的大企业也可能会被视为跳蚤般的个体聚集的社区，对于原来只是将组织视为人力资源的集合而言，这会是有益的转变。

这本书中有很多关于我自己的内容，换言之，这是一本自传。写自传时，我有时会放飞自我。自传会在我百年后变成子孙缅怀的读物。然而，没有比回顾我自己的经历更好的方法，来阐述从在大型组织世界中生活到独立生活的变化历程。从大象般的企业群体中跳出，成为独立跳蚤般的个体是许多人在未来几年必须做的转变，对一些人而言，越早越好。许多人会选择终其一生做跳蚤般的个体，更看重独立的自由体验，而不是在焦躁不安中考虑就业安全。希望我的人生经历将有助于人们获得更舒适的成功体验，使未来更激动人心，使生活更有价值。

跳蚤般的个体是如何共存的？在为企业工作的职业生涯里，我每天都要出去工作，即使不出差，每天也会很晚到家。我和妻子伊丽莎白每天各自忙着自己的工作，共同的兴趣是我们的孩子、父母和闲暇时间。她总是很独立，很惊讶我想把自己宝贵的时间出卖给企业。但当孩子们长大，我也成了一个独立的个体工作者。不用每天忙着上班时，该如何安排我们的生活呢？我几年前对企业高管婚姻状况的研究可以提供一些线索。但我们也发现，为了充分适应新角色，必须系统地改变我们自己的生活方式。

跳蚤般的个体该如何学习？我经常说关于上学，我只记得一件事：毫无疑问世界上所有的问题都已经解决了，答案可以在老师的头脑里，或者更有可能的是，在他的教科书中找到，我的任务就是要把这些答案转移到我的意识里。当我进入原来任职的企业时，认知也是如此，上司或者企业顾问会知道问题的答案。当意识到应该找出自己的解决方案时，我感到很震惊，很多问题都与人际关系有关，教科书上并没有答案。现在大多数学校在学以致用的教育方面有所提升，但进步有限，我对学校改变教学方法的问题有自己的见解。学习并没有在学生时代结束后终止，人们应心存感激，因为日后的学习会更加有趣。

我从美术馆、剧院、电影院和音乐厅中学到的东西，比从书本中学到的还要多。既要读万卷书，也要行万里路，旅游能提供在其他文化中徜徉一段时间的机会，使我们以不同的视角来凝视自己的世界，反思那些我们因为熟悉而几乎视而不见的事物。美国、印度和意大利的三种风格迥异的文化，都教会了我很多东西。生活在意大利托斯卡纳的人说"生活就是午餐"，他们能高效地工作，也能享受生活，以独具一格的方式将休闲和工作结合起来。在美国那片自由的土地上，未来是可以被塑造的，人们因此欢欣鼓舞。而印度的喀拉拉邦则向我展示了如何将贫困转化为繁荣。

然而，最重要的是我从那些从 0 到 1 进行创造性工作的人（可以称他们为炼金术士⊖）身上学到的东西。他们向我证明，只要你真的想学习，就

⊖ 出自伊丽莎白和作者在 1997 年至 1999 年创作的一本书。

可以学到任何东西。激情是这群人的动力，燃起了他们对产品或事业的热情。如果你足够关注，就会发现需要了解的是什么，并查找知识或技能的来源。你会付诸实践，而不是担心行动是否会出错。炼金术士从不谈论失败或错误，只谈论学习中的经验教训。保持激情作为学习的秘籍，是一种十分独特的解决方案，我相信这种做法对各个层级和各个年龄段的人都有效果。可悲的是，激情在大象般的组织中少有提及，在学校里也没有发挥应有的作用，应有的激情甚至被认为会扰乱正常的秩序。

自由地控制自己的时间是独立工作最大的福利之一。过去我习惯了根据供职企业的要求和同事的需要调整假期，现在我能够不征求除我妻子以外的任何人的意见，自主安排自己的时间，这实在是一件人生乐事。然而，安排个人的时间的确需要设定事情的优先级，做出选择和学会说"不"。这反过来又要求我们定义成功的真正意义。如果一件事不能凸显你的价值，或有违生活的真实价值观和信念，就可以拒绝。一件事的做法开始是两种路径之间的抉择，而最终将成为你的人生行为准则。

在一个大型组织中生活的好处之一就是，可以把这种准则放在一边。金钱、身份和地位都与工作如影随形。通过向企业出卖自己的时间，人们毫无保留地接受企业对成功的定义，至少这已经成为个人生活的一部分。近年来这种所谓的成功对我们很多人来说越来越重要。当你必须在没有企业加持的情况下对自己定位时，问题就出现了。我们夫妇在温莎城堡生活和工作时有很多朋友，也会收到很多华丽的社交活动的邀请，这些邀请在我从温莎城堡离职后就神秘地消失了。对许多人来说，我们似乎已经不存在了。

"当你开始自主工作的时候，会怎么称呼自己呢？"一个朋友问我，"你不能称自己为'前院长'太久吧。"

"我将只是查尔斯·汉迪。"我说。

"勇气可嘉。"她不太相信地揶揄到。事实上，我花了一些时间来适应在会议上我的名字后面没有头衔的日子，那感觉就像在裸奔。妻子无法理解我的感受，她从来没有过工作头衔，也不觉得有这个必要。我经常认为，女人比男人早熟。也许如果没有大象般的组织保护，男人也会更早地实现自我成长。

我们都具备某种技能，棘手的是如何把这些技能转化为人们愿意花钱购买的服务或产品。金钱可能不是生活的重点，但没有钱的生活一定十分痛苦。演员有自己的特殊技能，生活是由多场短期的演出构成的，其中的空档期被含蓄地称为"休息"，我儿子更切实地认为这是搜集素材与自我提升的时间。我相信对很多人来说，职业生涯的生活也大同小异。

演员会有经纪人来帮助推广，协商签订演出合同，打理职业生涯中的商务活动，以便他们可以集中精力修炼自己的专业技能。跳蚤般的个体也需要经纪人，但可能会是其他称呼，如职业介绍所、管理顾问公司，甚至是互助商会。我很幸运，有出版商愿意把我打造成一个品牌。妻子是我的经纪人和管理合伙人。我注意到，事实上，大多数电工、水管工和其他人们不时要雇用的临时工，也会有合作伙伴担任业务经理。

这本书将详细讨论以上这些问题。实话实说，这本书会掺杂我的记忆和偏见，尽管我更愿意称之为思想和信仰。这些是我生活中的经验，因为我认为只能通过真正生活来学习，再反思生活的真谛。当然，这并不意味着所有的经验都是正确的，但它们的结合已经成为我的人生信条、看待不同世界的方式、对未来的希望和恐惧，以及我的生活哲学。

我也能意识到，在试图让人们从我的生活中吸取经验时，我会面临诸如"这对你来说很容易""我们哪儿有这种运气""这对一些人来说行得通，但对我们大多数人来说不行"等众多意见。我也感觉到一切并非易事，我现在也不好过，当然我在人生的起跑线就取得了所谓接受精英教育的优势，最重要的是，我娶了一位不寻常的女性，在我可能轻易地选择向波澜不惊的职业、提前退休和经历无聊的一生后早早离世的人生妥协时，她坚信我们可以并且应该塑造自己的生活，给了我成为跳蚤般个体的勇气。不管怎么说，大多数人都不会羡慕我现在写作和演讲的生活，身处其中可能既孤独又可怕。因此，不要仅从字面上理解我的期许，这本书其实是在鼓励大家，在眼前这个沧海桑田的世界里，写好自己的人生剧本。

Chapter 2

第二章
一切过往，皆为序章

设想未来是一块黑板，可以在上面描绘日后的蓝图，是令人兴奋的事。现实正如欧内斯特·海明威所言，如果我们努力找寻，生活的种子从一开始就在那里。在将我自己的生活作为案例研究时，我需要从认清莎士比亚所说的"一切过往，皆为序章"开始。

我家乡下小屋的客厅里挂着一幅巨大的油画。来访的客人都会在此困惑地驻足，十分纳闷为什么画中的我要装扮成一个维多利亚时代的神职人员。画中人并不是我，而是我的曾祖父，19 世纪末他曾是都柏林的副主教。我儿子曾愁眉苦脸地看着这幅画，思忖自己是否会不可避免地变成那样。我让他把心放宽，这是我母亲家族的先人，不是我父亲的。我儿子知道，我妻子家族的人是英国人，都很漂亮，不像我家族的人，会为秃顶而烦恼。

这幅肖像不断地提醒我们，人在一定程度上是基因的延续，有些事情是不能改变的。我家族的祖先，男性大多是传教士，太姑妈们都是老师。传教士和老师的基因，应该能在我的身上传承。

人生开始的阶段也很重要，特别是童年成长的环境和幼年时期。我之前并不是一直都认可这个道理。至少我曾希望抹去童年的记忆，因为小时候大人们管得太严，我一度想逃离自己的生活。现在我想得更清楚，人生的起点总是重要的，可以与之抗争，在此基础上自强自立，或者单纯地认命，但不能忽视这段经历，或者假装人生开始的时间比真正开始的时间要晚。过去不可避免地与现在和未来融为一体。我在人生很晚的时候才发现，如果要独立工作，就需要忠于自己的想法，成为跳蚤般的个体。假装成某人是没有用的。话虽如此，但是我又是谁呢？

当我因为工作压力很大，去看心理医生时，他不谈我遇到的问题，直到我告诉他我童年时期的故事。"童年的生活和我想说的事情无关。"我气急败坏地告诉他。我十分急迫地需要心理医生的帮助，来消除对窘迫的生活和新工作的疑虑，这并不需要告诉他我童年的经历。然而，最终在心理医生的帮助下，我了解到这些经历与现在面临的问题息息相关。

还得先从一件小事说起。我在爱尔兰基尔代尔郡萨林斯圣迈克尔教区的牧师宅邸里长大。我的父亲是都柏林西部平原上两个小乡村教区的牧师，在我两岁的时候，他去了那里并在那生活了 40 年。这个地方是我儿时唯一知道的世界。牧师的宅邸不仅是我们的家与父亲的办公室，也是人们跟他交流的地方，还是我不知不觉中进入的人生的第一所学校。

当门铃响起时，我们必须开门迎客，我知道门口可能是一个需要帮助的人。我渐渐明白，每个人都需要被救赎，都必须得到尊重与帮助，没有人应该被拒绝或抛弃。当年的这些感悟，至今仍让我深信不疑。但心理医生发现，正是童年的影响，让我不可能解雇在新工作中遇到的一些不称职的员工，甚至不能让他们去面对自身工作的不足。所有的本能都驱使我去倾听员工的痛苦，安慰和鼓励他们。然而作为管理者，我需要做的不是安慰而是督促员工，要记住企业和客户的需求，当然还要满足眼前员工的需求。即便在今天，我也发现自己很难对请求说"不"，哪怕有些请求并不合理。如果觉得有人需要帮助，我们有什么权利拒绝呢？这就是为什么我家现在立了一条规矩，我的电话总是让我妻子来接。

无论多么不便，都必须说实话，这也是我在牧师宅邸成长时的一条规矩。我曾经被训诲，我们永远不能逃脱说谎的惩罚。吃一堑长一智，这个教训来之不易。我当时大概五岁，大家在海边曾伯父教区的房子里度假，我从厨房里拿了一块蛋糕，满心欢喜地在卧室里偷偷吃了。我希望大家会认为是猫把蛋糕叼走了，并否认大家对我的质疑。妈妈怀疑是我干的，追问我原委，我承认了。她责备我后让我请求曾伯母原谅，为撒谎向她道歉，并惩罚我不能吃晚饭。那天晚上，我在床上以泪洗面，当时我确信自己的生活被毁了，一切都是因为一块讨厌的蛋糕。我记得我在想，好奇怪啊，让大人们失望的不是蛋糕，而是我的谎言。这也是从约翰·普罗富莫到比尔·克林顿都没能吸取的教训。我告诫自己，说谎并不划算，说谎者会搬起石头砸自己的脚。

直到今天，我仍然没学会谈判及讨价还价的方法，不能接受自己携带未申报的东西通过海关，当我知道事情正在变糟的时候，也不会指鹿为马，或者号召人们去做我担心可能会失败的事。而最糟糕的是我生活中的境遇。我认为其他人也和我一样，一直在讲真话，虽然现实中的经历告诉我，有人经常对我撒谎且能做到面不改色心不跳。我相信所有声称自己无罪的罪犯都是被冤枉的，除非他们之后承认自己有罪，所以我并不适合成为陪审团的一员。我发现这种对真相的尊重可能存在极大的弊端。作为一名管理者，我认为所有的承诺和保证都是真心实意的，当人们食言时，我会感到非常失望。当我指责一个房地产开发商信口雌黄时，他问我："可是你当时肯定不相信我，是不是？"当我告诉他，我从来没有怀疑过他的话时，他惆怅地摇了摇头，对我的天真感到惊讶。

尊重每个人，无论他们是否完美；讲真话，无论代价是什么，这些显而易见的美德却变成了处事的短板，世道真是艰难。我花了很多年的时间来正视并接受自己早年成长过程中所形成的理念与现实的矛盾，如果我不能改变现实，也没有特别想改变现实的意愿，就最好找到一种活法，转换生活场景，以便化解这种矛盾。所以我变成了跳蚤般的个体，组织别人做事的责任变少了，成了一个可以自由说出真相的作家。

在我童年的成长历程中也隐含着其他的事情，如果想透彻地了解自己，就需要剖析这些事情。我的父母认为无论如何困难，婚姻都应终身相伴。我发现了一个很好的原因来解释为什么有人选择离婚或从开始就对婚姻感到失望。维多利亚时代⊖的婚姻平均只能维系 15 年——夫妻两人中有人去世，也许这就是我们期望超过自己的祖先，维系更持久的婚姻关系并不现实的原因。对每个人来说，不幸的婚姻可能比人类文明的瓦解更加糟糕。

即便如此，离婚这种事我还是做不到。离婚并不在我父母的计划中，也不在我跟妻子的计划中。我认为，这样做会永远改变一个人的世界观。这意味着，当生活发生改变时，我们不能寻找新的伴侣，而是要寻找新的伴侣关系。当我开始独立工作时，这变得尤为重要。我也会注意到，父母离异的孩子似乎更有可能以离婚结束自己的婚姻生活，因为从一开始这件事可能就在他们的计划之中。

在牧师宅邸里，我们通常不会拥抱、亲吻或哭泣。每个人的情绪都需

⊖ 常被定义为 1837 年至 1901 年，即维多利亚女王的统治时期，被认为是英国工业革命的顶点时期，也是英国经济、文化的全盛时期。——译者注

要控制。我从未见过父母彼此拥抱。我父亲难过或生气的时候会躲在书房里，直到感觉好一些。我也会这么做，妻子因而称我为"闷罐子"。把情绪强加给别人，也许就是自私的行为。时至今日，我和姐姐在见面时也不会亲吻，甚至连贴面礼都没有。必须得承认，我对自己童年这方面的缺失感到遗憾，但很高兴看到自己的孩子并没有受到太多影响。

儿时的一幕在重演，今天，我们的家也是我的办公室，就像当年父亲的牧师宅邸一样。人们来拜访我们，我和父亲一样在家里开会、阅读和写作，但不像我小时候那样祈祷。在我小时候，每天早上八点半，父亲都会沿着大路走 200 码[⊖]，独自一人去教堂里做晨祷。家里的狗会跟他一起去，但要等在外面。这是他的一天开始时的平静时光。然而，这并不是晨祷的结束，随后所有家人会一起晨祷，为我们所有人祈祷。此时的牧师宅邸里没有人睡懒觉。所有家人一起晨祷发生在吃早饭之前，大家围在餐桌旁，跪在椅子边上，狗在旁边舔我们的脸，炉子上烤着面包，电话响了一遍又一遍，父亲仍在不停地祈祷。在青涩懵懂的青少年时期，当学校的同学在家里留宿时，我难免有些难为情，会有意告诉他们早餐会在晨祷 15 分钟后开始，这样他们就可以错过晨祷，结果却发现他们回忆往昔时，很享受这段美好的时光和看到我家人一起祈祷的经历。

这个传统对我来说早已远去，但痕迹依然存在。我每天早餐前要散步，虽然没有狗跟着，但有妻子伊丽莎白陪着。晨起没有散步，似乎美好的一天就不能开始。对我而言，在散步中冥想，是在工作开始前自我修正的过程。我如果在九点以后起床，就会感觉错过了一些本不应该错过的东西。我想，那些从早晨就开始一起度过一天的夫妻，相伴一生也应该不成问题。

传统会根深蒂固，而童年时代的有些传统可能会产生副作用，必须下

⊖　1 码 =0.9144 米。

决心以不同的方式来破除。我家并不富有，父亲有津贴而不是薪水。两者的不同之处在于，薪水反映了人的价值，人的价值可以用技能和才能的市场价值来衡量，而津贴则只是提供了足够的钱让人们继续工作。我们的房子是由教区提供的，但家具、照明和供暖则要自己解决，这笔微薄的津贴除了用于家里的吃穿外，仅够支付这些费用。如果想赚更多的钱，就不能当牧师。不能说小时候家里生活得很拮据，但我在成长的过程中就知道钱是宝贵的，只能花在可持续的而不是短暂的事情上，比如外出吃饭、去剧院看戏或度假旅行，这些都是在非常特别的日子才能享受的。

正因如此，我渴望过把钱可以浪费在转瞬即逝的快乐上的生活。至今我仍然很享受把钱花在餐厅、豪华酒店或一瓶好葡萄酒上——虽然这些东西充其量只能留下回忆。我喜欢租房，而不是买房，这样在短期内会有更多的现金可供周转。幸运的是，为了使家人衣食无忧，我娶的妻子反对我成为像她父亲一样挥霍无度的人。她认为，花钱在那些只为留存记忆的东西上是浪费。她把投资视为为未来存的钱。因而我们的生活有一种不太稳定的平衡，在我的消费欲望和她的勤俭持家之间摇晃。这一切都是我们反抗童年经历的副作用。

也许正是童年窘迫的生活，导致我在儿时做了一些至今仍然让我感到困惑和羞愧的事情。七八岁时，我开始到处捡东西，实际上是在偷散落在家里各处的硬币。我会寻找母亲购物找回的零钱，更丢脸的是，我居然还惦记上了奶奶钱包里的零钱（因为我确信她岁数太大了，不会在意）。这些硬币我没有花掉，只是藏在房间的一个抽屉里。我记得当时这么做不是为了有钱花，只是因为看着钱觉得舒服。这种行为可能是一种轻微的盗窃癖，或者是出于对金钱本身的热爱——后来我在美国发现好多人都热爱金钱。我九岁时去了一所寄宿学校读书，几周后收到了母亲的一封信，"我在你房间的一个抽屉里发现了一堆硬币，"她写到，"搞不懂硬币怎么会在那里，所以我就都放到麻风病救济会的捐款箱里了。"以后大家就再也没有提过这个话题。

我现在想知道，自己是不是下意识地在模仿父亲的行为。他是一个囤积者，也是一个精心保管着自己和他人钱财的人。他听从了波洛涅斯[⊖]的建议——"既不要跟别人借钱，也不要借钱给别人"。1946 年，父亲的舅舅以 1.4 万欧元的价格卖掉了伦敦德里郡附近的一个小农场，这在当时还算是一笔大钱。作为一个没家没业的人，他将钱交给父亲保管，活着的时候利息自己用，百年后本金归我父亲。在他去世前两年，我父亲需要钱为自己退休买房子。他给我看了这笔钱的账目，很自豪地说账上还是 1.4 万欧元，一分钱没少。我想说他误解了理财的含义，但转念一想又不太合适。他毕竟不是一个爱投机的人。

我也不善于投机。我上的是商学院，知道赚钱的速度比花钱快才能致富。借款，也被称为放大资金杠杆，是更快的致富方式。然而平心而论，我宁愿像父亲一样，先存后花，而不是借新还旧，父亲认为透支是一种罪过，稍逊于通奸罪。我苦笑着承认，这就是为什么我永远不会成为一个成功的企业家或发财致富。现在我自己也纳闷，当时怎么就认为自己能成为一个商人呢？

多年后抚今追昔时，我从自己藏私房钱的抽屉里得到了一个启示：存着的钱如果什么都不做，就是浪费。把钱捐出去，否则就会被别人拿走。这是美国的慈善家们——卡内基、洛克菲勒等人的处世之道与经验教训。我对未来的最大希望是，私人慈善事业最终将弥补资本主义的一些极端现象，让那些积累了远远超过自身需求的财富的人，在财富被拿走之前捐出去。

儿时的每个星期天、重要的节日和颂歌仪式[⊜]，家人们都要去教堂。那

⊖　莎士比亚悲剧《哈姆雷特》中的人物。——译者注
⊜　基督徒做礼拜的唱圣歌活动，或者圣诞节、感恩节的唱圣歌活动。——译者注

是一个对爱尔兰乡村来说别致的教堂，内部全用大理石装修，里面有罗马拱门和精致的马赛克装饰，其建造灵感来自一座意大利教堂，那座意大利教堂给它的捐助人留下了深刻的印象，在100年前捐款建造了它。我喜欢这座建筑，但反对它所代表的教义和教条。我在十几岁的时候曾暗暗发誓，当我自由的时候，不会再贫穷，也不会再去教堂。然而三十年后，我发现自己要靠神职人员的薪水生活，而且每天都要去教堂，而不仅仅是星期天。生活就是一场轮回，只希望能螺旋上升。

在我年轻时，真正被教堂吸引的是语言。杰里米·帕克斯曼（Jeremy Paxman）⊖所著的脍炙人口的《英国人》（*The English*）一书中有一章描述了英国圣公会的有趣情节。书中写到，1536年，修道院的解散不仅使罗马天主教会失去了世俗权力，也是一种空前的集体破坏行为，包括损毁了数千件艺术品。在这个时期，在欧洲其他地方尚能幸存下来的整个中世纪的传统绘画和雕塑，在英国已经被损毁殆尽，取而代之的是一种新的文学风潮，以威廉·廷代尔（William Tyndale）的第一本英文版《圣经》和克兰麦（Cranmer）的《公祷书》为代表。《圣经》的授权版本于1611年出版，《公祷书》于1662年出版。帕克斯曼说，正是这两个"语言的宝库"，激发了英国人对于英语的热爱。

我的家人们也为我去教堂。一个又一个星期天，一个又一个晨祷，感人的短句和美妙的韵律融入了我的记忆。父亲的祷告十分优美。现在我为当时跟着祈祷却言不由衷而感到内疚，回忆儿时星期天早上父亲主持圣餐礼的盛况倍觉珍惜。

多年后，当我给母亲看自己写的东西时，她对我引经据典的素材并不认可。"我认为你可以在《公祷书》或莎士比亚的作品中找到素材来描述你

⊖ 英国广播员、新闻工作者与作家。——译者注

想表达的想法。"的确，除此之外，我认为文章的起承转合也可以借鉴。从那以后，我就一直谨记母亲的建议。我能理解为什么教会想要重写祈祷书，并重新翻译了《圣经》——但是我很高兴从这些读物的早期版本中汲取了养分。它们帮助我变成了今天的样子，一个擅长写作的作家。一位评论家谈到我的第一本书（教科书）时说，里面没有什么是前人没说过的，不同之处在于其中大部分内容是以前没有读到过的。我喜欢这个说法。

莎士比亚的著作就像早年被我误读的《圣经》一样，是另一类圣经，但同样是我生活的一部分和语言魔法的来源。它们足以让我出口成章，不管写作的初衷是什么，读者是谁。我偶尔会和表亲以及一群未婚的姑姑和姑姥姥一起度假。在当时的爱尔兰，南方的中产阶层新教徒的两代人中许多都是未婚女性，因为可能与之结婚的男性已经在两次世界大战中丧生了。有一次，我算了算，我有 14 个未婚的姑姥姥。那时候没有电视，某个晚上，大家一起大声朗读莎士比亚的戏剧，其中有伤风化的章节已经被奥古斯塔姑姥姥恰如其分地删去了。回想起来，似乎我现在比当时更喜欢莎翁的作品，但当时和现在，他的语言都与我产生了共鸣。

所有的姑姑儿时都在家里生活。我在女人们的环绕下长大，我有两个妹妹，没有兄弟，附近也没有其他男孩。我父亲是个好静的人，除了在 8 月份度假时钓钓鳟鱼，不喜欢其他运动。我从来没有学会过驾驶帆船、滑雪、踢足球、射击或钓鱼等运动。如果这些运动是你周边人生活方式的一部分，你最好在年轻时就开始学习，那时学习最容易。儿时在爱尔兰生活的地区有很多马，有一段时间我也有一匹自己的小马，名叫"宝贝"。但我不擅长饲养动物，也不喜欢它，妹妹们的骑术让我感到相形见绌，所以我很快就放弃了骑马。我后来学的高尔夫球和网球打得也不好，英式橄榄球更是不得要领，所以我总是后悔自己小时候没有早些开始体育锻炼。

父亲的错误与不足确实会传给孩子，甚至会影响第三代和第四代人。因为我没有早些开始体育锻炼，所以我的孩子们也没有。父母应对我们的早期成长负责，但父母大多活得不够久，没有理解他们自己的童年是如何对其一生产生影响的。也许这样最好。毕竟我们没有办法预测孩子会对你为他们塑造的童年有何反应。试图过分影响自己的孩子，可能只会造成孩子强烈的叛逆。然而，父母创造的氛围、生活的价值观、做事的优先级，构成了孩子们能了解的唯一的世界。家是所有人的第一所学校，是一所没有固定课程、质量把控、考试、教师培训的学校。难怪当我看着女儿出生时，我的第一个想法就是"我该怎么办？"但这时木已成舟，后悔也晚了。

我已经很多年没有重温我的童年了，也许我是在试着忘记。当我为写这本书而追溯往事时，我开始怀疑事情是否真如我回忆的那样曾经发生过。我们都会神化个人的过往，但是，正如加西亚·马尔克斯⊖在自传的序言中所写的那样，"生活中真正重要的不是你遇到了什么，而是你记住了哪些事，又是如何铭记的"。

不管我童年生活到底如何，我都想逃离它。我需要发财致富，远离教堂。当我想起这些时，我大吃一惊。1981年，BBC邀我参加每周日晚播出的系列节目《过往的启示》。嘉宾会被问起一次刻骨铭心的经历，他们会直接在镜头前，在提词器的提示下读出自己写的稿子，中间还会穿插展示嘉宾的私人照片。嘉宾中有一名女子曾因走私毒品被关进了泰国监狱，有一名律师嫁给了她在法庭上辩护过的凶手，还有一些人也经历了改变自己生活的不寻常危机或事件。

我告诉BBC的经历与其他人不一样。它平淡无奇，甚至是好多人都有过的经历，那就是我父亲的离世。电视台的人说，如果你准备好说清楚为什

⊖ 哥伦比亚著名作家，著作有《百年孤独》《霍乱时期的爱情》等。——译者注

么这件事对你来说不寻常，那么普通的事也是个好话题。我贸然同意了。我曾在其他场合讲过也写过父亲的离世，但以下才是我当时所说的核心内容。

我的父亲是个生性安静的人。当 72 岁退休时，他已经在爱尔兰南部基尔代尔郡的一个教区里担任了 40 年的教区长。退休时他已经很累了，这可以理解。在之后的 14 年里，他担任了教区的副主教。又过了两年，他去世了。

当我听说他要离世时，正在巴黎参加一个商务会议。我飞回都柏林时，他已经昏迷，第二天就离开了。就像爱尔兰所有的葬礼一样，葬礼是在父亲离世后的第二天安排的。家人们平静地回到他服务了很长时间的乡村教堂，为他举行了葬礼。

我很喜欢父亲，但也对他很失望。他拒绝了大城市的教区邀请，在闭塞的地方过着单调的生活。他的生活似乎是由一系列无聊的会议和拜访组成的，其间穿插着不变的星期天礼拜，他偶尔会与老沃特金森夫人和埃迪一起在牧师宅邸吃午饭。我曾下定决心，一定要过一种不同的生活。

他去世的时候，我已是新成立的伦敦商学院的教授，经常参加各种会议、咨询活动、午餐、应酬，享受着时代的红利。我有一本书已经出版，也发表了很多文章。家里有两个小孩，在城里有一套公寓，还有一处乡间小屋。更重要的是，我的日程表排得满满的。我当时认为这就是所谓的成功。

带着这些想法，我跟随灵车沿着乡间小路去参加父亲的葬礼。我黯然神伤，一个生性安静的人就这样平静地结束了一生。遗憾的是，他从来没有真正明白我在做什么。当我成为一名教授时，母亲的反应是问我，这个头衔是否意味着现在可以花更多的时间和孩子们在一起。

突然，我注意到似乎有警察在护送送葬队伍。当地警察不经请示，清理送葬队伍最后几英里⊖到教堂的道路。这对爱尔兰乡村天主教地区的一位新教牧师来说是绝佳礼遇，难能可贵。此时我们很艰难地在前往乡村小教堂的汽车队列中行进，这个地方已经人满为患。人们是怎么知道父亲去世的消息的？他前天才去世，只在一份报纸上发了讣告。

唱诗班看起来也很独特，穿着我记忆中很久以前星期天小男孩唱诗时穿的白色圣袍，但他们的脸已经成熟了很多。我还记得其中的一些人。曾经的唱诗班中的男孩和女孩们放下手边一切事务，从爱尔兰和英国各地赶回来参加葬礼。大主教本应该拄着拐杖在医院里治病，却也来参加葬礼。他在小教堂里告诉我们，我的父亲是多么与众不同，受他帮助过的人会永远怀念他。

我站在父亲的坟前，周围有他主持过婚礼，生下孩子接受洗礼，孩子又在教堂结婚的人。数百个来自各地的人，含泪来与这个"平静的人"告别，我转过身，陷入了沉思。

我想知道，有谁会泪眼婆娑地参加我的葬礼？什么是成功？谁是成功的人，我还是我的父亲？生命存在是为了什

⊖ 1英里=1609.344米。

么，我们在这个世界上存在的意义是什么？这些并不是新问题。我曾学过哲学，也知道相关理论。我以前从来没有严肃地看待这些问题，做到知行合一。

我回到了英国。那是一个漫长而炎热的夏天。我决心要改变自己生活和处事的优先顺序。我想我可能会上神学院，会像父亲一样被任命为牧师。现在回想起来，幸运的是，跟我关系不错的主教们告诉我不要有执念，如果我愿意相信他们所说的话，我做一名商科教授比成为一名牧师要有用得多。

主教们鼓励我应聘温莎城堡圣乔治学院院长的职位。这个小型的专业研究中心由菲利普亲王和当时的温莎院长罗宾·伍兹（Robin Woods）建立，是教会和社会上有影响力的人开会的场所。在这里，人们会就正义、工作的未来、权力和社会责任等议题进行探讨，企业精英、商业领袖、校长、公务员和政治家会与主教、牧师辩论问题所在。在人人步履匆匆的繁忙世界中，研究中心坐落在圣乔治教堂后面的院落里，是一个静修与反思之地。在接下来的四年里，此地是我的家和工作的所在地。

童年经历还是对我产生了影响。艾略特（T. S. Eliot）⊖说："回到童年，你才能理解它对于你的意义。"这句话说的就是我。我在温莎城堡的新工作并不容易。我发现自己是一个说一不二的人，记得早年工作时，一位上司

⊖　1888—1965年，英国诗人、剧作家和文学批评家，诗歌现代派运动领袖，代表作品有《荒原》《四个四重奏》。——译者注

曾经告诉过我，说我无法在别人手下工作。我也不是温莎城堡所需要的强有力的管理者。我很不开心，压力很大，这是我最初去看心理医生的原因。直到那时我才发现，需要心理医生向我说清楚，我的问题可能是没有完全了解自己是什么样的人。"知道自己是何方神圣"是古希腊人的格言，被刻在特尔斐（Delphi）的阿波罗（Apollo）神庙上。我现在觉得这其实很难做到，除非有一天你知道自己不是谁。认清自我需要时间，但在四十多岁的时候，我差不多已经认清了，我的人生经历已经跨越了几个不同的角色和职业。

我的妻子伊丽莎白要比我更了解我自己。在温莎城堡工作了四年后，她说："是时候离开这个地方了。"

"但是我该怎么办呢？"我问她，"我们该怎么赚钱呢？"

"你喜欢写作，不是吗，你的第一本书似乎很成功，所以为什么不当作家呢？"

"写书是不会发财的。"我抱怨到。

"你为什么想要发财？我们可以生存，我可以和你一样工作，如果你需要的话，你还能偶尔做些管理学课程的教学。"

"这样做是有风险的。"

"这就是生活。我已经厌倦了和一个压力很大且麻木迟钝的人在一起生活。"

我因此作为独立的跳蚤般的个体开始了新的生活。

在接下来的几年里，我的口袋里总是装着一张小卡片，上面用"收入"和"支出"两栏来记录我未来一年的收入和支出。"支出"栏在年初时金额似乎总是高一些，但通常会在年底得到"收入"的弥补。我担心的问题，实际上并没有出现。不必看着上级的脸色行事对我来说是一种解脱。我第一次对自己的生活完全负责，不必假装，我终于认清了自己，活出了真我。

有些人会比我快一些到达这一境界。有些人从来不这么做，也许是因为不想这么做。

当我离开这个充满机构庇护的世界后，很自然地错过了一些事情。我怀念有强大的机构作为靠山的日子，怀念即使生病或不再工作，地球也一刻不会停转。作为一个独立的个体，如果你不去做，事情就没有结果，这会让你时刻保持斗志。但有时候退在后面，让别人冲锋感觉也不错。我失去了赖以支撑的后盾。在壳牌公司工作的日子里，公司给予我相当大的支持，甚至还会为我填好纳税申报单。温莎城堡给予我的帮助有限，但仍然有人做账目，有人保存记录和文件，有一个秘书会帮我整理日志并解决生活琐事。现在我必须自己做这些事情。

关键是我很想念曾经一起工作的同事们。虽然我并非总是赞同他们的想法，也不是有多喜欢他们，但他们可以与我共同解决问题，在工作中共进退，形成一个共同体。他们的生活与我的交织在一起，大家可以一起八卦、嬉笑怒骂。同事们是我在生活旅程中同甘共苦的伙伴。

人都需要一个有归属感的地方。独处会有孤独感，这也是自由的另一个代价。对于我如何努力解决这类窘境，本书的另一章会有描述。然而，在衡量幸福的天平上，毫无疑问，每次都会偏向自由的一边。

我写这本书是因为我相信我们正在进入的世界，会越来越成为个人的世界和选择与风险共存的世界。这个世界并不总是舒适的，风险会很高，但现在比以往任何时候都有更多的机会来重塑自己的生活，做完整的自己。现在人们的寿命更长，人的一辈子至少可以选择三种生活方式，其中一种我相信一定是跳蚤般的生活方式。我发现这是我不同生活方式中最美好的一种。

但这一切都是后来才会发生的。我必须得先上学，接受每个人都认为必要的某种组织型的生活，当时大家的思维就是如此。

Chapter 3

第三章

教育应如春风化雨

高中毕业时我曾暗自思忖，如果有人说学生时代是一生中最幸福的时光，那么此人一定是个受虐狂，或者记性不太好。与以后的人生之路相比，我的校园生活并不美好。

离开高中的学校时我相信，眼前的世界充满不公、苦难与痛苦。最好的生存方法是找到生存规则并低调行事，尽自己所能通过学校的考试。这并不是为独立生活做准备的最好方式，但我当时根本没有想到这一点。我当时正要去一所大学上学，相信大学会提供未来就业机构需要的证书，而就业后我也将努力遵守所在机构的规则并通过种种考验，直到去世或退休。

这就是当时权威式教学的学校在我身上留下的印记。性格不同的人可能会有不同的反应。我妻子在 16 岁之前上了 11 所学校，其中的大多数并不适合她。她相信规则会受到挑战，权威人士也经常会犯错，你必须在这个世界上为自己挺身而出，因为没有其他人可以为你做到这一切。所以她的宿命就是成为跳蚤般的个体。

大学毕业时，我曾对一件事十分笃定，就是自己绝不会成为一名教师。然而，人生的轨迹确实出乎预料地发生了反转。毕业十年后，我负责壳牌公司管理人员的培训工作，此后一直以各种方式不断参与教育事业。我下定决心，要用与我经历过的不同但更好的教育方式教学。我并不能总成功，但我的经历是我观念形成的起点，哪怕如今的学校与过去我上过的学校相比已经改变了许多，我的这些观念依旧重要。

在爱尔兰的农村，学前班和幼儿园的概念并不存在。为了我的教育，家里曾聘请了家庭教师，似乎先是菲比，然后是琼，我已经忘记了具体的顺序。我一直感到困惑，父母是如何负担这些家庭教师的费用的。我猜测这些年轻的女教师可能是为了获得食宿和一点儿零用钱，才选择做家庭教师（类似于今天的临时保姆）。

对于那些年，我留下的记忆既温暖又模糊。是这些家庭教师教会了我阅读、书写和计数吗？我相信是的。因为我六岁的时候，沿着路走半英里，去了我人生中第一所正规的本地小学，也就是所谓的本地"公立"学校上学，就在这些基础学科上取得了不错的成绩。

我还记得，那时教室里总是很冷，只有一个煤炉供暖。我的手指因为生冻疮而变得肿胀，那种又痛又痒的感觉，现在我自己的孩子们可能无法想象。尽管学校的设施有时会让学生感到不舒服，甚至可以说是对身体的折磨，但这并没有减弱我们对学习的热情。学生们坐在硬邦邦的板凳上，背诵乘法口诀、生词、诗歌和赞美诗等，还要机械地跟读那些必学的爱尔兰成语。这一切令我感到十分茫然，似乎这就是成长过程中必须经历的痛苦和磨炼，是通往成年世界的必经之路。然而，我擅长学习，因此受益良多，也避免了不少戒尺的惩罚。

我在小学的课堂上知道，在恐惧中学到的东西很少有人能记住。我只想忘记那些充斥着不愉快回忆的课堂。当想学习的时候，我们才会学得最好也最多。我猜测年轻人花在阅读"哈利·波特"和玩手机上的时间，比任何课内的读写时间都要多。

如果说在教室里不快乐，那么我在操场上的情况更糟。在上小学之前，我是在女人堆里长大的，除了母亲和家庭女教师，还有两个妹妹。在那个偏远的乡村，直到上学之前，我都没有认识过其他男孩。这所小学有些特别，因为还招收了大约20名住校的男生，其中一些孩子因为家附近没有学校而选择了这里。这些住校男生形成了自己的小团体，而我则成了一个腼腆的局外人。我常常被嘲笑而不是被欺负，虽然内心感到害怕，但从未学会如何反击。相反，我试图讨好他们，拼命想要被喜欢和接纳。我觉得自己贬低了自己，过分违心地奉承这些男孩，并模仿他们的行为方式，渴望成为他们中的一员。从那时起，我一生中大部分的时间都在努力融入周围的圈子。

现在，我开始思考：是我生来如此，还是那些早期的学校教育给我留下了深刻而持久的烙印呢？我童年的校长克劳福德先生是否会意识到，在坚硬的操场上所发生的一切，对我，也许对所有人来说，其影响或许比教室里的课堂更大呢？学校对我们大多数人来说，是第一个取得比家庭更广泛的社会经验的地方。在那里，我们第一次体验了正式的权威，正式和非正式的等级制度，哥们儿弟兄和拉帮结派，跟不相关的、不认识的、不喜欢的人打交道。如果处理得当，这段经历应该成为一种积极的生活体验。当然，我们应该在人生的早期阶段学习读、写和数数，因为这些基本技能是以后生活的钥匙。但是如果无法了解背后的人生逻辑，仅仅打开这些大门是没有用的。尤其是将来要成为跳蚤般个体的人，需要离开小学时就有充分的自信，而我并没有做到这一点。

9 岁离家时，我并没有太过伤感。即将开始的是寄宿生活，我要远离家乡，前往一所历史悠久的私立男校，只有在放假时才能回家。我记得和其他人一样，当目送父母离开后，校长的妻子迅速带我上了楼，走进新的校舍，那一刻，眼泪差点儿夺眶而出。虽然一开始对这种寄宿生活感到陌生和孤独，但实际上，它比我之前的小学生活要好得多。至少在这里，周围有了许多像我一样的同学，在这所更大的学校里我找到了自己的归属感。

话虽如此，学校老师的办公室仿佛成了惩戒不守规矩学生的刑房。这所学校是新教私立学校之一，专为英裔爱尔兰贵族的子弟开设。当时正值战争时期，尽管爱尔兰官方保持中立，但大多数身体健康的英裔爱尔兰人已投身英国军队，仅留下老弱病残。我虽然身处高年级，但因为一名低年级男孩偷了一块巧克力，校长使用藤条作为惩罚工具，让所有年级每个男生的光背上都挨了六下。校长声称，我们未能为低年级同学树立良好榜样，所以受到惩罚。多年后我才意识到，校长的做法有一定的道理，在组织内部，高层管理者确实塑造了组织文化。然而，当时的我只觉得这种做法极其不公。

在那个年代的校园，体罚如影随形。每天清晨，在老师严厉的注视下，我们赤身裸体、浑身颤抖地排着队去洗冷水澡。这种做法的目的本应是让学生变得更强壮，但如今我不禁怀疑其中是否还隐藏着其他不可告人的动机。当然，如今这样的学校已经不复存在，但我不能说清它对我们的影响有多大。我们学会了逆来顺受，尽管有些事情并不合理。这些经历仿佛是在告诫我们，社会上的专制行为依然普遍存在。在某种程度上，这也许就是真实的世界。然而，我对此感到不满，因为专制并不能帮助我们应对社会的挑战。从寄宿学校毕业时，我学到的两个教训是保持沉默和远离是非。

随后发生了一件事，影响了我的生活和事业。我的一个朋友也叫查尔斯，将参加温彻斯特公学（Winchester College）[⊖]的入学考试。他必须学习希腊语，但学校以前只教过拉丁语。家里为他安排了特别的家庭教师，是一位来自都柏林的古怪的老牧师。查尔斯问我是否愿意陪他一起上课。当时我更多的是出于友情答应了，并非因为我对希腊语有特别的兴趣。那年我才 12 岁，并没有太多想法。我很喜欢这些课程，那位古怪的牧师就好像是教正常的外语一样教我们古希腊语，鼓励我们大声说出来，以希腊人的身份思考，同时，他还一直向我们介绍希腊文明的神话和历史。当我们对某件事情充满热情时，往往会做得更好。当我也不得不参加入学考试时，原本应该用拉丁语的考试，我有意选择了希腊语，并顺利通过了考试。

因此，我不经意间成了一名古典文学专业的学生。在英国的教育体系中，学生通常会专注于两三个最擅长的科目，直到大学毕业我都专注于古典文学的学习。在这期间，我从未踏足过理科的课堂，由于课程时间的冲突，也无法继续培养对数学的兴趣，甚至在 15 岁时不得不放弃学习其他语言的机会。每当我回想起这段经历，都会思考，如果没有当初那个一起学习希腊语的邀请，自己的人生轨迹是否会有所不同。

后来，我认识到在我人生的某个阶段，本应该像狐狸一样灵活多变，却

⊖　成立于 1382 年，英国第一所免费接收穷苦学生的大学预备学校，主要招收 13 ～ 18 岁的男生。——译者注

不幸被当作刺猬进行了单一技能的训练。回想起牛津勋爵（Lord Oxford）[⊖]对以赛亚·伯林[⊜]说的古希腊诗人阿尔齐洛科斯（Archilochus）的名言："狐狸多才多艺，刺猬只会一件看家本领。"当世界需要两者来保持灵活性和专业性时，英国人只坚持培养刺猬般的人才。

我现在不会让任何人在 15 岁时决定他们的未来，更不用说像我那样在 12 岁时就为自己的将来做好准备。人生漫长，应该尽可能保持选择的开放性，让自己有足够的时间去探索不同的道路。教育体系仅仅根据人们对某一课程的熟练程度，而不是未来学习的潜力来判定一个人的未来，这种做法是不可取的。它会迫使年轻人在十几岁时就根据喜欢的课程来决定自己的未来，这个决定往往受求学之路上遇到的老师或学校课程安排的影响。

如果人们希望培养更多"狐狸"般的人才，传统的英国教育系统并不能担此重任。大学的招生人员需要制定能够更好地衡量学生学习潜力的指标。本科的课程时长必须延长，以帮助学生在学校最后几年完成专业课的学习。大学教师需要习惯教授比以往更基础的课程。毫无疑问，上述变革可能会受到抵制。然而，每个欧洲大陆国家乃至美国，都有更开放和包容的教育体系，苏格兰也是如此。英国也需要顺应潮流，否则本国的年轻人就有被教育禁锢的风险。令人困惑的是，即使在今天，也只有三分之一的适龄青年选择继续在大学深造，那么为什么大学对我们的教育体系有着如此巨大的影响？我和妻子从为写书所做的研究发现，众多炼金术士都会选择尽早逃离英国的教育体系，现在看来不足为奇。在英国的教育体系中，

⊖ 1852—1928 年，赫伯特·亨利·阿斯奎斯，英国政治家，曾任内政大臣及财政大臣，1908 至 1916 年出任英国首相。在 1925 年获封伯爵，晚年遂以牛津勋爵为通称。——译者注
⊜ 英国哲学家、观念史学家和政治理论家，也是 20 世纪最杰出的自由思想家之一。——译者注

学生试错的空间太小，而证明自身潜能的机会远少于展示技能熟练度的机会。

我在就读的私立学校里偶然发现了其他问题。我出生于 7 月下旬。当时和现在一样，学校在 9 月开学时按年龄对学生进行年级划分。7 月或 8 月出生的人比其他学生的平均年龄大或者小 6 个月。孩子们自己，更多时候是他们的父母，可以选择让孩子们早或晚一年上学。在一个人十几岁的时候，6 个月的年龄差可能就会有很大影响。回想起来，我很幸运，在整个求学生涯中，考试都比别的同学晚，这实际上给了我额外一年的学习时间。这就难怪我当时的学习成绩不错。但我发现在小学的最后一年，因为自己比其他同学年龄稍长，所以当了 6 个月的班长。

班长很大程度上只是一个头衔，负责在班级的休息时间维持秩序，没有任何奖励或惩罚权，要设定一般的行为准则。我本应凭自己的人格力量来维持秩序，但我觉得这方面是我明显缺乏的。我觉得自己做得不是很好，但我了解到这个角色可以让人成长。令我诧异的是，人们愿意以学校赋予你的头衔来接受领导。随着越来越自信，我惊讶地发现，即使没有提高音量，让 60 个男孩噤声的时候，他们也真的不再交头接耳了。我的自信产生了奇迹，一切都是因为我在学校待的时间比应有的时间多了一年。

因此，我想知道，为什么有那么多人想要加速对年轻人的教育。比同学的年龄稍大一些，并没有理由感到羞愧。我怀疑是否有人真正明白这个道理。这额外的几个月给了我更多成长和学习的时间。在大学里，我比有些同学大一岁，但那里也有很多人已经在军队服过兵役，至少比我大一岁，有的同学岁数大得更多。我相信他们从大学的求学经历中学到的比我更多。我妻子伊丽莎白四十多岁才开始接受大学教育，而我们的女儿 33 岁时才获得学位。像今天许多成熟的学生一样，他们在准备好的时候才去念书，并不被社会上规定的学习年龄所束缚。

实话实说，我强烈反对在教育上对年龄有执念。英国政府如今痴迷于各种排行榜和标准，坚持对 7 岁、11 岁、14 岁和 16 岁的孩子进行统一测试，尽管人们普遍认同孩子和成年人一样，在不同的课程上以不同的进度学习。在特定年龄进行通用的标准化测试，不可避免地会导致全面的比较。因为人们往往倾向于以成绩比自己好的人为标杆，这种比较对大多数人来说，结果往往是令人沮丧的。

社会对年龄的关注是否过度了呢？我们并没有要求每个英国人在特定的年龄段通过驾照考试。如果这样做，然后在排行榜上公布分数，我们大概率会使排在后半部分的人不及格。这样，上路开车的人很有可能会减少，同时会使大量的英国人出行不便，这实际上也剥夺了他们的驾驶权。我相信，这与在学校中按年龄划分的考试存在同样的潜在风险。

值得注意的是，音乐教育领域却并非如此。在音乐考级中，当老师认为孩子们已经准备好时，他们就可以参加考级，而不受年龄限制。这使得考级通常成为庆祝的时刻，而不是令人担忧的关卡。

我在传统的英国公立学校上学则是另一种折磨。我觉得，教育正在变成一场残酷的蛇梯棋（snakes and ladders）[⊖]游戏。在爬到梯子的顶端时，就不得不从另一个梯子的底部重新开始。我记得当时在想，如果生活照此发展，那么真是生无可恋。我的新学校虽然基于一个古老的文法学校建立，但是在私有化后继承了其最糟糕的传统。在那里，最低的两个年级的同学被称为"杜洛斯"（douls）——我非常清楚这是希腊语中奴隶的意思。资深的班长或高年级的学长都有自己的"杜洛斯"。他们可以对"杜洛斯"呼来

⊖ 起源于印度的一种古老的游戏棋。——译者注

喝去。当心血来潮时，他们会在走廊里喊"杜洛斯过来"，被喊到的倒霉蛋不得不把所有事情都放下跑过去，最晚到的通常会被班长派去做一些十分琐碎的事情。

私立学校中充斥着大量的规矩和仪式，许多可以追溯到几个世纪前，毫无道理可言。新生在入学的头几周必须将这些规定熟记于心。惩罚措施中，罚抄是最轻微的，犯错的学生需要抄写一百行令人生厌的校规；而更为严重的则可能包含体罚，学生们会被要求轮流走到更衣室，被学长用藤条抽打屁股。这种仪式的侮辱性远甚于它所造成的实际伤害。在私立学校的那段时间里，我目睹了许多滥用权力的行为。然而，也有一些善良且理智的年轻人不采取这种做法，他们以建设性的方式参与学校管理，并会特别关照年龄较小的男孩。

将400名处于青春期的男孩关在学校里几个月并不是明智之举。我在女人堆里长大，开始校园生活后，突然进入了一个完全由男生组成的世界。学校里没有电视、收音机和报纸，大家完全沉浸在自己的小圈子里。我们一群人决定整个学期都写日记。前几天，我偶然翻阅了当时的日记，惊讶地发现那时的生活是多么琐碎，我是多么在意自己是否能与同学们合群。邪恶的激情在平静的外表下逐渐滋生。性是学校里最大的禁忌，任何人有任何与性有关的违规行为都会被立刻开除。为了防患于未然，我们只被允许跟自己的同年级同学交谈。令人难以置信的是，在我们16岁进入高年级之前，裤子口袋都被缝住，以防止我们触摸自己的下体。这些做法让我感到非常压抑和困惑。

50年过去了，那个地方随着社会的变迁发生了翻天覆地的变化。如今，已经转变为男女同校的教育机构。然而，只要对他们的权力进行合理的限制，让高年级学生承担一些有限的责任，似乎有其可取之处。这样做不仅能让年轻人展现出对他人的责任感，还能消除过度追求个人成就可能带来的消极影响，如冷漠和自私自利的行为。在我看来，这曾是私立学校的一种传统，但在当今的教育体系内却不幸被废除，可能是因为曾经存在过像我所经历过的权力滥用问题。

多年后，我有幸被委托进行一项学校与其他组织的比较研究。我参观了各种类型和规模不等的学校。在教师办公室，我通常会问的第一个问题是这里有多少人在工作。小学可能会说有 10 个人，而较大的中学则有 70 或 80 人。

"哦，天啊，"当我把这些数字告诉一个教导主任时，他惊讶地说，"他们忘记了清洁工。"

"不，"我笑着回答，"他们把孩子们忘了。"

在组织层面，学生往往被视为产品而非成员，也许更准确地说，培养学生就像在流水线上生产产品。通常学生就是这样被加工的，从一个车间传送到另一个车间，加工一下，然后稍稍抛光，最后排队检验，不合格者会被拒收，不会被回收，其余的公开分级，以供将来使用。我所就读的寄宿学校正是这种工作机制的典型代表。

尽管拉丁语和希腊语课程的成绩让我在课堂上如鱼得水，但这并没有对我的人缘产生任何影响。在校园里，运动能力才是受人青睐的标准。我在英式橄榄球的 35 米冲刺训练中从未达标，在板球队的表现也平平无奇。然而，我再次得到了幸运女神的眷顾。我的年级主任，同时也是舍监，不仅是一位伟大的古典文学老师，更是一位真正的教育家。他认为自己的使命不仅是让学生展现最好的一面，更是要通过接触最好的音乐、文学和诗歌来教化我们。

一天清晨，他来给我们上课，我们正准备学习维吉尔（Virgil）《埃涅阿斯纪》(*Aeneid*) ⊖中的另外一百行诗句。

"有人记得今天早上小教堂风琴演奏的是什么音乐吗？"他问。当时我们肯定没有人会仔细听这首曲子。

"是巴赫⊜最伟大的作品之一，"他说，"那么，是时候让你们明白你们错过什么了。"他带我们回到自己家，在剩下的课程时间里为同学们演奏巴赫的音乐，并讲述他的故事。如果不讲巴赫，那就讲威尔弗雷德·欧文（Wilfred Owen）⊜或威廉·布莱克（William Blake）⑩的诗歌，还有一次甚至教同学们品酒，作为他那个从法国买到的酒桶装瓶仪式的序曲。他教的班因这些意想不到的插曲充满了活力和充实感。虽然这些都不在课程大纲中，虽然我已经记不起维吉尔的诗，但我至今仍然记得当年那些美好的时光。

同学们称他为"奴隶贩子"，之所以这么形容，源于他工作的辛勤付出和对我们潜力的深信不疑。能在人生早期，从这样一位我深深尊敬的人那里获得启蒙的"金种子"，实乃人生一大幸事。他的赞扬与欣赏，无疑为我的自信注入了强大动力。恩师将"金种子"播撒在我心中。我至今仍然相信，这是老师能给任何年龄学生的最好的礼物。我将永远心存感激，尽管我怀疑后来我在石油企业做高管的职业生涯，在他看来一定是在辜负他的教诲。他是一位伟大的老师，十分用心地改变了我的人生，他坚持认为我应该申请牛津大学的入学奖学金，而不是选择我父亲和祖父都曾经就读的都柏林圣三一学院（Trinity College）。

我去牛津大学参加了考试，尽管当时只是抱着试试看的态度，但幸运

⊖ 古罗马作家普布留斯·维吉留斯·马罗（通称维吉尔）创作的一部史诗，创作于公元前 30 年至公元前 19 年，取材自古罗马神话传说，是叙述埃涅阿斯建立罗马国家的故事。全诗 12 卷，9896 行诗句。——译者注
⊜ 1685—1750 年，巴洛克时期的德国作曲家、演奏家。——译者注
⊜ 1893—1918 年，英国诗人和军人。以描述第一次世界大战的诗篇闻名于世。——译者注
⑩ 1757—1827 年，英国第一位重要的浪漫主义诗人、版画家。——译者注

地获得了奥里尔学院（Oriel College）的专业奖学金。两鸟在林，不如一鸟在手，我选择了牛津大学。这一决定，让我踏上了与爱尔兰渐行渐远的道路，因为牛津大学的教育环境会让我更加融入英国文化。事实证明，恩师的建议是正确的。在牛津大学，我体验到了独特的学习体系：一对一的辅导、每周的论文写作以及充足的自由时间。这种体系非常适合我。我现在意识到，在当时这是一种极其宝贵的资源，针对本科生的个人辅导体系十分难得，我很高兴能够亲身体验。牛津大学的古典文学课程最初从语言入手，逐渐拓展到希腊和罗马的历史及哲学传统。在牛津大学老师的鼓励下，我不断超越知识和事实本身的意义，进而去探索理念与假说。如今，我在学校的学习生涯结束了，但真正的学习才刚刚起步。我终于可以开始独立思考。

当时，我始终觉得自己毫无用处，只会将英语与希腊语互译。然而，随着时间的流逝，我渐渐发现专业知识的重要性并不如所想象的那样。事实上，我已经忘记了大部分专业知识。真正重要的是，我们为了应对变化而学习独立解决问题的过程。

曾经有一次，我因为过于沉迷社交生活而没有时间写论文，于是从一本鲜为人知的希腊历史书中抄了一段内容，读给我的导师听。他沉吟片刻，默默地走到书架前，拿起我所抄袭的那本书，翻到我刚刚读完的那一页，接着读了下去。我羞愧得面红耳赤，无言以对。牛津大学对于抄袭他人的作品并不感兴趣，除非这些作品已经成为自己思维的一部分。

是的，我的论文需要被我大声地朗读出来，过去在牛津大学，我们都是这样做的。当时，我认为导师是在偷懒，尽管我认为倾听可能比阅读需要更多的精力。然而，我现在知道，这种做法改变了我的写作风格。由于不能大声地读出来，所以我从未写过学者们擅长的冗长的句子。这实际上也是一种很好的演讲训练。后来，我得知意大利的孩子们在大多数课程中都要接受口试。难怪意大利人如此能说会道，擅长电话沟通而不是网上聊天。

我现在坚信，学校的教学方法应该同样重视过程与内容的传授。20年前，我是发起了名为"能力教育"运动的小组中的一员。我们在一封公开信中明确指出，一个优质且均衡的教育体系，除了涵盖知识的分析与获取，还必须培养学生运用创造性技能、应对日常生活挑战的能力，以及与他人协作完成任务的技巧。

在推广这一理念的过程中，我有幸到一所国内知名的私立学校为教职员工发表演讲。演讲结束后，校长站起来感谢我，并说道："我认为你会不赞同我们在教室里的教学方式，但你会惊讶地发现，我们在课堂之外所做的很多事情都与你的理念高度一致。无论是在运动场、戏剧表演、音乐会中，还是在俱乐部活动、研讨会和社区工作中，我们都始终贯彻这一理念。"

我回应道："我确信你们的做法是正确的。但问题在于，并不是所有的学校都有足够的时间和资源在课堂之外进行这种类型的学习。"

如果有机会运营一所学校，我会将一天的时间分为两部分：一部分用于课堂上的知识传授和分析技能培养，另一部分用于课外活动和实践项目，以培养学生的实践技能，为他们积累实践经验。虽然这可能需要不同的师资队伍，但可以考虑邀请社区志愿者来教授一些实践技能。同时，学生也可以通过学徒制或持续参与课外项目来学习和成长。

在牛津大学毕业时，我幸运地被授予了一等学位，内心的喜悦溢于言表，父母也为我感到骄傲。然而，现实却有些残酷，在申请下一个学术职位的过程中，没有人过问我的学位等级。这让我不禁思考，如果真正重要的是我们是否通过了考试，为什么分数和学位等级会造成如此多的痛苦回忆？当我的儿子开始演艺生涯时，他给我看了他为参加戏剧节目而写的个人简介。虽然我认为他写得很好，但我也注意到简介中并没有提及他的学校和成绩。我对此感到有些不解，毕竟他在学业上的成绩也是值得骄傲的。

"老爸，"他谦虚地解释说，"在戏剧界，人们更关心的是你的才华和表现，而不是你来自哪所学校或成绩如何。他们只想知道你能为他们带来什么。"他的话让我恍然大悟。

然而，我也惊讶地发现，作为一名大学毕业生，我在那个时代的英国人中实属罕见。那时候，只有 8% 的同龄人有机会接受大学教育，这个比例后来才有所上升。当我深入了解 20 世纪 80 年代的管理教育体系时，我发现了一个惊人的事实：1980 年，90% 的 50 岁以上的人在 15 岁就离开了学校，之后再也没有接受过任何正规教育。这在一定程度上解释了为什么那个时代的英国企业缺乏有远见和有创造力的领导者，因为那些继续留在学校的 10% 的人大多成了学者或公务员，导致企业缺乏知识面广且具备创新精神的人才。

在法国，人们期望 75% 的适龄人群在完成学校的教育后，能继续接受某种形式的继续教育。要想让英国也执行这项政策，就必须让学习者负担得起相关成本。半工半读、开放大学的远程学习课程和夜校课程应该变得普遍，以便人们能够在工作的同时继续学习。知名大学也可以逐渐转型，将研究生院作为收入来源之一，通过研究资助和学费来支持其运营。至于我自己，当离开牛津大学进入社会这所"大学"时，以为自己已经完成了学业。现在，我对没有选择去军队服两年兵役感到遗憾。大家都说，服兵役不仅很有趣，而且会教会我所有之前未曾学会的东西，比如如何处事、如何解决问题以及如何很好地开始一项工作等。问题是，作为一名爱尔兰公民，英国不能强迫我入伍，除非我继续在英国工作，因此，这个决定完全取决于我自己。

当时我并不愿意入伍。战争是一件严肃的事情。不久前，在遥远的土地上，为了那些我一无所知的人，在战斗的过程中，我的一个朋友在韩国牺牲了，另一个受了重伤。我也意识到这是一种十分懦弱的表现。我担心我可能不具备成为一名军官的能力，这对我来说将是一种耻辱。我为自己的这个决定付出了沉重的代价。我的叔祖父是黑卫士兵团（Black Watch）[⊖]的一位退役将军，曾希望我去他的老部队服役。他给我贴上懦夫的标签，理所当然，将我从他的遗嘱中除名，然后很快就离世了。

时至今日，我仍然对自己未曾服过兵役耿耿于怀。因此，我支持大多数人在完成学校的学业后应该参与某种形式的社会或社区服务。英国的志愿者计划、罗利行动（Operation Raleigh）[⊜]、英国社区服务志愿人员组织（CSV）[⊜]都在志愿者服务方面做了大量的宝贵工作。但它们通常吸引的是已经具有一定社会经验的人。

我没有去服兵役，而是进入壳牌工作，并立即开始了为期4个月的入职培训。尽管公司称之为"培训"而非"教育"，但在我看来，这与我以前接受的学校里的教育并无太大差异，只不过现在是由公司支付我薪水，而不是我支付学费给学校。初级的企业培训课程中有大量介绍石油行业和公司的手册的内容。然而，由于公司每天都有更紧急的事务，我往往在晚上就会忘记当天所学的大部分内容。接下来的4周是实验室培训，这对我来说是一种全新的体验。在实验室里，公司利用微缩工厂展示了石油的提炼

⊖ 英国陆军一个历史悠久的步兵部队。——译者注
⊜ 起源于英国的青年和可持续发展非营利组织，其宣称的目标是培养理解可持续发展并拥有技能、知识和激情的年轻人，以实现变革。——译者注
⊜ 英国最大的从事志愿服务和培训的慈善机构。——译者注

过程、如何测量石油的黏度或油层的厚度等技术问题。

当时，公司为我提供了大量的培训内容，但从未有人明确告诉我将去哪里或从事哪个岗位的工作。因此，我很难判断哪些培训是有用的，甚至可能是至关重要的。很多培训内容只是断章取义的数据，很快就被我遗忘了。在这段时间里，我唯一需要做的就是点燃本生灯⊖进行实验或偶尔提个问题。

7 年后，我才有机会学以致用。在东南亚工作了 6 年返回总部后，他们不确定该如何安排我，于是任命我为集团管理培训中心的经理助理，负责为全球的中层经理提供培训课程。这个岗位并不像听起来那么重要，实际上主要是安排各部门的负责人来分享他们的工作经验。和入职培训一样，这些分享往往只是单纯的数据交流，很快就会被遗忘。我意识到，如果将每位分享者真正需要解决的问题作为案例进行提炼，未来的培训工作将会更加有趣和实用。当时的英国还没有引入商学院的概念，所以我不知道自己实际上正在公司内部创造案例研究的方法。

不出所料，每个参与培训的人，包括前来听取小组汇报的公司高层领导，都觉得这种培训方式更具参与感，我也一样。事实上，我开始乐在其中，找到了我真正热爱的事业——培训成年人，将现实生活中的情境作为教学的案例。因此，当壳牌公司决定派我去利比里亚共和国管理当地公司，让我再次"负责业务"时，我清楚地意识到是时候离开公司了。那时，新成立的伦敦商学院正寻找开设主要管理课程的人选。我已经做好了准备，尤其是当听说学院希望我在麻省理工学院（MIT）的斯隆管理学院访问一年，重新学习美国教育管理者的方式时，我毫不犹豫地接受了邀请。

⊖　罗伯特·威廉·本生研制的实验煤气灯后来被称为本生灯，直到现在，许多化学实验室还使用这种灯。——译者注

我有时会半真半假地说，在麻省理工学院的斯隆管理学院学到的一件事是，"我本不需要去那里"，然后会补充说，"但我必须去那里看看才明白这个道理"。我去了美国，发现图书馆里的知识浩如烟海，但却与我们面临的实际情况相去甚远。我所需要做的就是获取一些知识并带回欧洲。令我惊讶的是，我发现自己通过长时间的经验积累已经掌握了大部分管理知识，只是没有给它们起个好听的名字，就像莫里哀[⊖]笔下的人物乔丹恩[⊜]在戏剧中无意识地表演一样。我意识到自己一直在不知不觉中使用管理知识中的术语。当然，也有一些管理技术和理念是真正新颖的，但大部分都已经提升到了理论层面。我的时间并没有浪费，我变得更加自信。我意识到，对于忙碌的管理者来说，教育只有与经验紧密相关才能发挥实际作用。

我回到了一年前才刚刚成立的伦敦商学院，负责为处于职业中期的管理者创建为期一年的全职课程，就像美国的斯隆管理学院一样。这是一个我梦寐以求的项目，但有两个不完美之处：一是新学院的老师很少；二是除非我能说服 20 家英国企业都派出一名最有前途的管理者带薪学习，并支付一年的学费，否则就没有生源。当我拜访有些企业的董事会成员时，我发现为期一天的研讨班是他们愿意批准的最多预算费用，更不用说要亲自参加了。大多数人都认为我有些异想天开。

最终，有 18 名企业管理者加入了学院的课程学习。由于没有传统的商业课程教师，我得以自由地运用自己的教育方法，填补学生学习生涯中的空白。大家一起走进戏院，通过观赏戏剧来探讨人生和管理的真谛。在讨

⊖ 1622—1673 年，法国喜剧作家、演员、戏剧活动家，法国芭蕾舞喜剧的创始人。——译者注

⊜ 《莫里哀情史》中一个很富裕的中产阶层人物，喜爱戏剧表演，痴迷莫里哀在戏剧中的人物表演。——译者注

论莎士比亚的名剧《李尔王》[○]时，学生们领悟到的家族企业的困境和权力分配的理念，与在其他商业课程中学习到的知识一样深刻。我的一位来自美国的朋友，后来在伦敦政治经济学院任教，发起了一个名为"解读权力与责任"的研讨班，将经典小说和戏剧作为讨论的素材，深入剖析管理与人性的关系。

我至今仍然记得那些雄心勃勃的年轻管理者们，在第一天早晨上课时看到课桌上的两本书时错愕的表情，一本是《管理会计》，另一本是索福克勒斯写的《安提戈涅》[○]。我坚信，价值观、信念和激情不仅是索福克勒斯戏剧的核心，也是经理人在管理企业时必须重视的关键因素。伟大的文学作品为我们提供了探索和揭示这些主题的宝贵资源。这也是为什么几个世纪后，人们仍然热衷于排着队观看索福克勒斯和莎士比亚的戏剧。将这些文学巨著排除在管理教育之外，无疑会陷入脱离人性谈管理的风险。我始终认为，这是管理教育的重要环节。

然而，我认为现实生活中的案例才是学习管理的最佳素材。我和同学们一起走访了不同的国家，也深入美国对不同地域的组织进行分类和对比研究。我尽力将课堂与企业的管理实践相结合，但我逐渐意识到，仅仅在课堂上传授其他企业的经验是远远不够的，需要更深入地分析这些企业，更好地将实践经验概念化，形成具有普遍意义的管理原理。因为学院创始时的每位老师都有在美国留学的经历，所以采用了美国全日制教学体系，而忽略了英国在医学、法律和会计等专业教育方面的传统。在这些专业教育中，课堂上的理论学习与课后的实践指导紧密相连。为什么管理这样一

○ 莎士比亚著名的四大悲剧之一。——译者注
○ 古希腊悲剧作家索福克勒斯的一部作品，被公认为戏剧史上最伟大的作品之一。——译者注

个注重实用的学科不能采用这种教学方式呢？

1987年，我向国家经济发展办公室（NEDO）提交了一份报告，建议对管理者的教育全面采用非全日制教学模式，并结合工作场所的实践经验进行指导。我对自己参与设计和编写的课程感到十分满意，该课程后来为开放大学（Open University）商学院[○]开设所用。这门课程促使学生们把学到的一切都与当前的工作经历结合起来。我认为，仅有一些商业化的"语言"课程，如会计、统计、市场营销和计算机等，作为独立课程是有意义的，且最好在管理者的职业生涯初期就开始传授。全日制课程会卓有成效地培养出分析师或顾问，而不是管理者。只不过提出这些设想时，我已经离开了商学院。

几年前，我被邀请主持英格兰北部教育会议，这是国家教育系统的政策制定者和管理者的一场盛会。我之所以同意参会，是希望借此机会推广我的炼金术教育或独立工作理念。在开场白中，我提到自己和妻子接触过的许多炼金术士，在学校时都很淘气。我进一步强调，学校里有更多顽皮的学生并不可怕。然而，这一观点被误解了，听众误以为我是在说教室里可以全是难以管教的学生，这让他们非常担忧，进而对我作为主持人的权威性产生了质疑。

当然，他们的担忧是合理的。事实上，虽然有些炼金术士在儿时可能确实比较顽皮，但这并不意味着所有淘气的孩子都会成为炼金术士。我原本希望通过这个话题引发大家的讨论，我想表达的是，虽然秩序和纪律在任何地方都是必要的，但也应该鼓励学校中的学生有更多的好奇心、主动性和试错行为，而不是过分担心某些试错行为是否会成功。我相信，在场

○ 简称OU，是一所英国公立研究型大学，总部坐落在北伦敦，在英国各大城市均设有教学中心，是世界上第一所成功落实远程教育的大学。——译者注

的听众如果深入思考，都会点头表示同意。然而，一旦会议结束，这些观点似乎就被抛诸脑后了。

尽管如此，我仍然坚信，学校应该成为孩子们未来生活的安全的实验场所。在这里，他们可能会发掘一些不会在考试中显现的才能，比如对使命和他人的责任感、学会如何主动学习、探索人生的价值观和对生活与社会的信仰。对我而言，这些比死记硬背的课程更有吸引力。

我们也应该给孩子们播下金色的种子。身为音乐家、商人和社会企业家的杰出人物，欧内斯·霍尔（Ernest Hall）爵士曾引用过帕布罗·卡萨尔斯（Pablo Casals）⊖的话：

> 为什么不在学校里教导我们的孩子认识自我呢？我们应该对孩子们说："你了解自己是谁吗？你是一个奇迹！你在这个世界上是独一无二的，没有任何一个孩子与你完全相同。回溯过去的几百万年，没有出现过与你相似的孩子。看看你的身体、你的腿、你的胳膊、你灵活的手指、你走路的姿态，一切都如此奇妙！你有可能成为莎士比亚、米开朗琪罗、贝多芬。你可以做到任何事。你很棒！"

⊖ 1876—1973 年，杰出的西班牙大提琴演奏家，在 1958 年曾被提名诺贝尔和平奖。——译者注

PART 2

第二部分

—

Chapter 4

第四章

承前启后的大企业

我所接受的教育都是为由机构或企业构建的世界而准备的，并曾深受其影响，无法自拔。自儿时起，我便立志要摆脱贫困，至少要衣食无忧。在我看来，加入一家公司是实现这一目标的有效途径。在大企业里，我并不孤单，因为这是"组织人"（organization man）[⊖]的时代，企业提供了许多人希望得到的东西——生命安全、晋升前景和获得工作成就感的机会。这曾是一段美好的日子，但随着世界边界的缩小，通信方式的改善以及竞争的加剧，这些企业将发生彻底的转变。

我曾经身处的商业世界如今已经永远消失，取而代之的是一个崭新的

⊖ 由美国人威廉·怀特提出的概念，他认为社会上的大多数人都是有组织的人，因为他们一生中有大量时间都是在各种组织中度过的，从而成为毫无个性的"组织人"。——译者注

组织形态，它经历了翻天覆地的变化，并将不可避免地继续演变。在本章中，我将回顾过去，并预测未来的大象般的企业将面临的新挑战。

在大企业工作的岁月

当我从船舱的铺位上抬起头来，一个漂亮的泰国女孩穿着纯白色的旗袍站在我面前，那一幕至今回忆起来仍如梦似幻。她微笑着对我说："我是唐娜，壳牌公司派我来接您。"如果壳牌公司的代表都像这样，那生活一定比我想象的还要美好。那是 1956 年，我刚搭乘远洋客轮抵达新加坡，准备开始职业生涯，担任新加坡壳牌公司的见习市场主管。当时，这家公司的业务已经广泛覆盖马来西亚和英属婆罗洲。

唐娜只是壳牌公司对外籍高管慷慨关怀的众多实例中的一个。她如同酒店的门童一样，在我刚进入公司时就担任了向导和官方友人，直到我能够独当一面。事实上，我几乎立刻就被调派到吉隆坡工作了，而与我一同居住的是一位年轻的单身汉。公司为我们提供的公寓成为我意想不到的另一个惊喜。我对马来西亚的公寓并不了解，但我也从未想象过，这间公寓坐落于一幢美丽的旧殖民地风格住宅的顶层，周围环绕着花园，并配有园丁和保姆。

我开始意识到，壳牌公司正如社会学家所描述的那样，是会与一个人相伴一生的"全面组织"。类似壳牌公司这样的组织，甚至拥有自己的英式橄榄球队，以挑战成为一年一度的州际比赛冠军为荣。作为公司大约 150 名外籍雇员中最新的成员，也是首批管理培训生（实际上是对行业一无所知、缺乏生活经验的新人的委婉叫法），我在公司中显得尤为不起眼。然而，命运的转折出现在当地的一场足球赛中，我有幸为公司的球队打入关键进球并帮助球队赢得比赛。第二天早上，总经理在办公室门口对我说：

"汉迪，很高兴你加入我们公司。"那一刻，我才真正感受到自己成为公司大家庭的一员。

但公司还是不知道该给我安排什么位置合适。然而我很幸运。当时在吉隆坡的经理是一个敢于打破传统的人，我后来才意识到，他其实并没有那么出色。他认为，向我灌输商业和管理之道的最好方法，是让我如影随形地跟他在一起工作两个月。"坐在角落里，当有人在的时候不要说话，只要倾听和学习。和我一起出差和见客户，要时刻保持安静。我经常会和你探讨你对所看到和听到的事物的看法。"

这是对过去那种如大象般庞大而稳重的公司生活的生动写照。我很快意识到，自己已经继承了一种悠久的传统。我经常被提醒，壳牌公司自19世纪和20世纪的世纪之交以来就一直存在。总经理在新加坡的豪宅华丽程度仅次于总督的府邸（当时新加坡仍是英国的殖民地）。我出门时无须携带现金，只需在账单上签名并注明"壳牌"即可，店家知道应该将账单寄往何处，也确信会得到支付。壳牌公司有自己的一套标准来满足各方的期待。壳牌公司被期望表现得比一般公司更为出色，"细致、安全、高效"是公司的座右铭。"你可以信赖壳牌"的广告词表明，无论是员工还是顾客，都可以信赖这家公司。我似乎不仅仅是一个商人，还是一个伟大组织形象的代表。这种感觉真是美妙至极。

然而，并非眼前所见的一切都令人感到安心。一天晚上，我偶遇了一位橡胶公司的经理。在交谈中，我得知他并非我们竞争对手的忠实客户，他能很容易被说服转向壳牌。我将这一情况汇报给作为工作导师的经理，他显然对此事感到很不安。他告诫我，不能轻易与这家橡胶公司建立业务关系，除非竞争对手也挖走了我们的客户。他说，壳牌公司与其他几家主要的石油公司达成了一种"保持稳定"的框架协议，即各家要在某些地区的市场份额保持不变。我对这种所谓的长期规划为各家公司降低成本的做法持怀疑态度，我认为这种行为并不合规。

一周后，我开始担心这些所谓低成本的做法，为了让我打消疑虑，经理让我计算出明年公司所有润滑油产品的销售价格。我对自己能否胜任这项任务表示怀疑。"哦，别担心，这就是从会计部门获得每个等级产品的成本，加上销售人员给你的利润百分比范围。就只是个算术题而已。"他笑着说。

我犹豫着，有些不敢相信即将说出口的话："但这意味着，公司的成本越高，能够获得的利润就越多，这并不合理。"

"这就是你要学习的生意经。"他回答道。

难怪公司能给我如此优厚的待遇，同时还能让股东们满意。这也解释了为什么壳牌公司员工的一切消费，包括司机、餐饮，甚至是看电影都由公司买单。通过这种方式，公司得以维持高标准的运营。因此，成本变高反而会增加公司的利润。

著名经济学家亚当·斯密曾经说过，如果两三个商人聚集在一起，肯定会沆瀣一气。这种行为持续让我感到不解，为何有的人可以自欺欺人地认为欺骗公众，使员工更舒适地生活（或者他们可能更喜欢说，是为了股东的利益），是合理的。在20世纪50年代的马来西亚，这种做法随处可见，直到市场增长并出现新的竞争对手——它们对"保持不变"的规则一无所知。此后，企业的业务开始外包，成本飙升，利润下降。但那时我已经离开了新加坡。

从那天早上，在吉隆坡的办公室开始，我就对潜在的垄断或寡头垄断持怀疑态度。我认识到，在垄断或寡头垄断的情况下，企业可以在成本之上随意定价，无论成本有多高。而在一个真正开放的市场中，企业则被迫将成本控制在竞争对手所设定的价格之下。虽然每个企业的经营者私下里都喜欢垄断定价的方式，因为这样可以摆脱竞争，但只有当企业拥有独特或遥遥领先的产品时，它才能合法地享有自己认为合适的定价权。一旦竞争对手迎头赶上，这种权利就会被剥夺。通过亲身经历，我深刻体会到学习经济学的最佳方式是通过实践。后来，我逐渐明白，自己所经历的正是卡尔·马克思所揭示的资本主义竞争的本质：自由竞争引起生产集中、资本集中。然而，当时我还未读过他的著作。从那天早上起，我就笃信必须坚持开放的竞争和市场，因为两者是各个领域公平最好的守护者。

令人遗憾的是，我认为政府往往过于专注于将国家垄断私有化。将国家垄断转变为私人垄断对任何人都没有好处。20 世纪 90 年代，英国铁路的私有化实际上导致了一系列垄断情况的出现，旅客们别无选择，只能依靠监管机构来维护他们的利益。铁路公司可以自行将票价设定得高于运营成本，只要它们能够向监管机构证明这些成本的合理性。然而，这并不是经营铁路的最佳方式。

垄断行为不仅存在于商业领域，在后来的几年里，当我在大学对公共部门进行研究时，也发现了类似的现象。在那里，我发现以成本加利润作为定价基础的想法同样占据主导地位。公共部门的组织实际上具有垄断性质，除了政府审计人员或监管机构之外，没有任何机构会审查它们的成本。但无论审计人员还是监管机构多么精明，也很难拥有独立的资源来核实所看到的数字是否真实可靠。由于费用都由政府支付，公共部门缺乏动力去尝试更节省成本的做事方式，因为这样做除了会减少自己的收入外，并没有其他明显的优势。在政府中，没有人会因为大学校长或医院管理人员降低了成本而感谢他们，它只会相应地削减预算。

对消费者（而不是企业）而言，好消息是，每个领域的进入壁垒都被打破了，竞争无法被新兴经济体排除。无论是否受到政府的干预，竞争正在逐步渗透公共部门。在教育、卫生和地方政府层面，民营企业的参与使得越来越多的人能够通过付费享受更优质的服务。如果公共部门希望不仅仅为穷人服务，就必须采取相应的应对措施。尽管这些新兴的民营企业规模和服务范围在不断扩大，但再也无法像多年前我曾效力的壳牌公司那样随意定价，也不能像那时一样躺着就把钱挣了。

在旧的大象般的企业工作很舒服，这是因为这些企业为员工提供了如今几乎难以想象的确定性。在那个时代，企业能够规划自己的未来。当时，长期规划备受推崇。人们可以像农耕者预测收成那样，提前一年预见工作成果，即便在耕作过程中遭遇恶劣天气等紧急情况，它们也不会对整体收成造成太大的影响。在我后续的研究中，我将这类组织称为"阿波罗组织"（Apollonian organizations）。

在我的第一本关于组织的著作中，我曾提及阿波罗（Apollo）作为这类组织的守护神。阿波罗是逻辑与秩序的化身，亦是和谐之神，颇具讽刺意味的是，他还被尊称为牧羊之神。那时，我特别喜欢运用古希腊诸神来描绘组织的文化和不同的管理风格，这样至少能够融合我所学的古典知识。然而，这一想法的初衷，却源自一个夏天的灵感闪现。当时，我与朋友罗杰·哈里森（Roger Harrison）在缅因州的树林中探讨他的组织分类研究，那次对话为我提供了宝贵的启示。

我永远感激哈里森，我受他启发产生的希腊众神的比喻，为我打开了新的职业生涯之门。这个比喻为我提供了一种易于被人们理解的方式来描述组织的形态，以及根据不同环境描述组织的差异和需求。尽管不同组织的需求各异，这在情理之中，但当我在麻省理工学院斯隆管理学院开始进行研究时，曾寄望于找到一套统一的管理理论，一套决策和组织原则，能解释所有管理行为，让管理实践有章可循。然而，我最终却带着失望而归。这不禁让我开始思考，如果没有规律可循，又该如何掌握管理技能呢？

或许通过生动形象的比喻，可以更好地帮助人们理解组织，并将其应用于实践中。希腊诸神恰好符合这些比喻的特质，因此我将它们写入了一本名为《管理的众神》（*The Gods of Management*）的书中。书中有四位神祇：代表魅力领袖的宙斯（Zeus）；代表逻辑和秩序的阿波罗，象征团队合作的女战神雅典娜（Athena）；最后是酒神狄俄尼索斯（Dionysus），我认为他代表具有创造性的个人主义者。每位神祇都有自己的力量。每个组织都是这四类神祇的共同体，关键在于如何巧妙地将它们组合起来。

20 年前，阿波罗组织曾风靡一时，其标志的组织架构图由一系列相互交织的方框组成。首先，阿波罗组织将工作分解为不同的条块，然后根据逻辑和层次关系对这些工作进行排列组合。如果逻辑正确，每个成员都将按照规定的角色和流程要求，尽职尽责地完成自己的工作，从而实现输入转化为最高效的输出。简而言之，阿波罗组织的核心就是纯粹的官僚体系。

信奉阿波罗组织的人认为，理想情况下，该组织的设计应类似于铁路时刻表，确保所有环节都紧密相连、无缝对接。时刻表的背后，基于一个基本假设：火车将按照预定的路线和时间运行，不会临时改变轨道，司机也不会开辟新的路线。当然，在紧急情况下，雅典娜式的特别工作组会负责设计新的路线和引擎。阿波罗组织需要宙斯式的领导者来规划前进方向，甚至在遇到某些问题时，需要运用独特的酒神般的创意来解决。然而，这个组织的强大力量源泉，主要来自阿波罗体系、规则以及计划和控制系统。

当生活在稳定和可预测的世界中时，阿波罗组织能够高效地运作。这是因为未来仅仅是过去的延续，工作可以被计划、预测和控制。即使组织提供的职业不是终身的，也能持续几十年。组织可以制定培训计划，让员工在实际工作中积累经验，在进入等级制度中的既定角色前做好准备。员工通过培养自己的才能，往往会产生强烈的忠诚感和企业自豪感。在我所处的时代，壳牌公司就是这样一个组织。

我经常将壳牌公司与英国军队相提并论。壳牌公司甚至拥有自己类似军队的团级建制，我当时就在"东南亚团"工作。可以想象，如果我继续留在壳牌公司工作，在那里建立的友谊和关系将始终伴随着我。

20年前，日本的企业是践行阿波罗体系的佼佼者。这些日本企业承诺为员工提供终身就业，但作为回报，员工需要服从、尊重资深员工和接受公司文化。尽管这样的企业备受尊敬，但如果不是天生适应阿波罗体系的人，在这样的企业工作可能缺乏乐趣。问题在于，我并不是阿波罗式的人，而壳牌公司却是阿波罗组织。在壳牌公司工作的最初几个月，我意识到自己似乎与这个体系格格不入。

那时我工作十分努力，热切地想了解业务的运作方式，于是我主动调查了公司的主要产品之一——用于全国各地照明的煤油的运输安排。我设想，如果在全国范围内大量建设油库，并使用大型铁路油罐车替代小型公路油罐车进行运输，公司就有可能节省大量的成本。我详细写下了这个建议，并附上了一页摘要，将其整理在一个精美的文件夹中。当时，我带着满脸的自豪，走进了运营总监的办公室。

"我想您会觉得这个提议非常有用，先生。"我说，"这是关于新的煤油运输系统的建议。"

他甚至连文件都没有看一眼，反问道："汉迪，你和我们在一起工作多久了？"

"6个月，先生。"

"那你觉得我们在这里做生意有多久了？"

"嗯……50年了？"

"准确地说，是55年。你真的认为你刚开始工作6个月，就能超越公司 55 年的经验吗？出去做一些实际有用的事情吧。"

我按照他的指示做了，开始专注于社交，埋头工作，抛弃一切向公司提出建议的念头。我感觉自己就像被困在阿波罗式世界中的酒神，不能有自己的任何创意。我为读者描绘的是壳牌公司的讽刺画面，但这就是我当时从下而上的看法。当时，朋友们工作的组织和壳牌公司如出一辙。我们过去常常百思不得其解，人们在政治上厌恶中央控制的集权，为什么身处自由市场的大型企业却深陷其中且乐此不疲呢。

那已是 40 年前的往事。如今，壳牌公司与其他大象般的企业一样，已经发生了巨大的变化。为了生存，它们必须不断适应和变革。然而，许多企业未能做到这一点。回顾 40 年前《财富》杂志评选的世界 500 强领先企业榜单，人们会发现许多原有的企业现在已经消失不见。这些企业或破产，或被收购，永远地退出了市场的舞台。但是像沃达丰这样的公司，1981 年还未成立，但到了 2001 年，已一度成为欧洲最有价值的公司，其市值甚至达到了壳牌公司的一半。

正如日本的阿波罗组织发现的那样，阿波罗组织在动荡的世界中生存得并不轻松。这并不意味着它们反对变革，而是更倾向于渐进式地改变，而非采用激进的方式。它们倾向于在原有的基础上进行发展，而不是完全忽视过去。对于阿波罗组织成员而言，讨论有计划地改变和管理变革并不是自相矛盾的理念。它们喜欢让在组织中成长起来的人，来领导新的组织，以寻找一定的管理连续性，帮助组织度过动荡的时期。

阿波罗组织的做法往往导致步履维艰，难以取得进展。坐井观天的思维方式，使得组织难以突破思维的禁锢。契诃夫⊖的《樱桃园》，这部写于

⊖ 1860—1904 年，俄国作家、剧作家，20 世纪世界现代戏剧的奠基人之一。——译者注

100 年前的作品，对于当今社会仍具有很好的借鉴意义。这是一个曾经富裕的家庭面临经济拮据的故事。除了房子，家里唯一的资产是一个巨大的樱桃园，但它也没有什么商业价值。一位商人朋友建议，可以把樱桃园改造成拥有度假别墅的庄园，从而保留原有的老宅。樱桃园的主人对建议置若罔闻，这与他们的旧有思想与经验格格不入。最后，这个商人作为局外人买下了樱桃园，樱桃园的主人则失去了自己的家园。尽管契诃夫将这部作品称为喜剧，但它实际上更准确地揭示了那个时代的悲剧。

我想知道，2000 年，玛莎百货的高管们是否观赏过契诃夫的《樱桃园》这部戏剧。那一年，曾经被誉为零售业典范的玛莎百货，迷失了发展的方向，即便进行了高层管理人员的大规模更替，也未能扭转颓势。那时，公司聘请了一位荷兰籍的局外人掌舵。但我预测，玛莎百货旗下的店面，即其"樱桃园"，最终可能会被另一个外部企业收购，并转型为其他业态。这再次证明了阿波罗组织在面对变革时的困境：往往难以突破自身的业务边界进行思考和行动。在新的诸神组合中，阿波罗需要找到自己的位置，尽管它已不再占据主导地位。

与过去相比，今天的组织形态已经发生了显著的变化，这是不争的事实。然而，尽管面临着种种挑战和困难，我年轻时工作过的壳牌公司依然在不断地成长和发展。对于许多人来说，如果企业不再代表持续的社区和工作时的家园，这无疑会是一件令人感到遗憾的事情。

今天的大企业

40 年来，我看着组织架构图从金字塔形的层级结构，转变为类似航空杂志上的航线图结构。新结构是由众多连接枢纽和节点的线条构成的网络，不同的颜色代表合作网络中各家航空公司的航线。我也注意到了组织内部的语言，已经从命令式转变为合同与协商式。组织不再被视为由人构成的机器，而是由有思想的个体组成的集合。在组织中，每个人都有明确的职位，客户也被具象化，不再是一个细分市场的抽象部分。在这样的世界里，阿波罗已经无法再占据主导地位了。

我猜想大多数人和我一样，都有过粉刷自己屋子的经历。我也曾亲自种植蔬菜数年。那时，我生活拮据，需要向自己证明我可以完成这些事情。然而，结果往往不尽如人意。事实上，如果仔细计算成本，我种植的蔬菜可能比从当地超市购买的还要昂贵。对我来说，这些更像是家务活，而非休闲活动。最终我意识到，专注于做自己最擅长的事情，并付钱让人去做他们最擅长的事情，这样才更有意义。即便每天花费的钱比我自己赚得还要多，但如果他们能比我更快、更好地完成任务，我仍然会因此受益。

如今，对于组织来说，情况也是如此。

当时，我为了说服大家接受三叶草组织（由大约三分之一的核心员工、三分之一的分包商和三分之一的兼职与专业顾问等临时员工组成的组织）的理念，引用了我第一次从一家成功的跨国公司的负责人那里听到的劳动力公式。他说：“$1/2 \times 2 \times 3 = P$，即目前一半的核心员工在 5 年内加倍努力工作，企业支付 2 倍的工资，会产生 3 倍的价值，从而实现共赢。这就是我实现共赢的秘诀。”

“除了被裁的那一半员工。”我低声喃喃自语，但他似乎并未听到我的话。

每天在工作中，我们都可以看到这个公式。大象般的企业正在联姻或收购曾经的竞争对手，同时也在进行瘦身。银行、石油公司、制药公司、汽车公司和保险公司都在这么做。通用电气公司作为全球曾经最大的大象般的企业，在杰克·韦尔奇领导的15年里收购了1700家公司，并最终对另一家大象般的企业集团——霍尼韦尔进行了全球最大规模的工业收购。因为坚持不懈地努力削减所并购企业的组织层级和裁员，韦尔奇也被称为"中子弹杰克"[⊖]。

企业间的并购活动频繁发生，营业额迅速增长，然而员工数量却呈现出下降的趋势，许多员工会被分流为临时工。那些幸运地留在核心岗位的员工，发现自己的工作时间变得更长，但也有机会分享到更多企业的发展成果，通常体现为更好的福利待遇或更多的奖金。如果公司抽出时间反思或回顾过去5年的经营数据，会发现这个公式所描述的现象已经发生，即使从未听说过这个公式或从未提前做过相关规划。

"5年后会怎样？"我记得我问过提出劳动力公式的公司负责人。

"还是一样的，"他回答说，"只是周期会变成4年"。

他的话正确吗？

可能吧。那些原本坚持采用阿波罗体系的企业，最终意识到，如果其他企业能够以更高效、更经济的方式完成某项任务，那么它们无须亲自去做所有的事情。因为其他企业可能在某些领域拥有更专业的技能和经验，能够更出色地完成这些任务。

我使用"最终"这个词来形容阿波罗组织的这一转变，是因为某些传统行业长期以来一直遵循这种模式。比如，建筑商常常采取专业领域分包的方式。出版业同样是一个典型的虚拟合作行业：除了选择作者外，其他环节都可以外包。而且许多出版业企业至今仍采用这种方式。有时我会半开玩笑地说，我和妻子经营着一家跨国公司，尽管我们的"办公室"是位

⊖ 中子弹只伤敌军而不破坏建筑物，韦尔奇因大刀阔斧地裁员而得此绰号。——译者注

于英国东安格利亚的一间小屋，没有其他员工，但我们的产品却能在 15 个国家生产，30 个国家销售。当然，没有作为合作伙伴的出版商，以及那些与出版商紧密相关的制作伙伴的支持，这一切都是不可能的。实际上，我们生产和拥有的只是知识产权，而我和妻子共同创作的文字和照片，正是这些知识产权的载体。

"生产合作伙伴"是耐克为其在东南亚的低成本制造网络所使用的委婉称谓。耐克公司是大型虚拟公司中最知名的。美国社会评论家杰里米·里夫金曾形象地描述，"耐克只卖概念"，这恰恰反映了美国的企业外包现象。尽管耐克是全球最大的运动鞋制造商，但它并不拥有任何工厂、机器、设备或大规模的工业园区。相反，耐克所依赖的是高效的信息系统，它将各种资源紧密联系在一起。

无独有偶，康柏公司也不自行生产电脑。在加利福尼亚州圣安娜，有一家名为英格拉姆的公司，虽然鲜为人知，但它为康柏公司提供的服务与 IBM 和其他电脑公司相同。英格拉姆公司不仅向终端消费者提供产品，还负责提供收费服务和运行客户热线，所有这些都以康柏公司的名义进行。康柏公司负责设计电脑、创建信息系统，并授权制造商在收到订单后生产各个单元的产品，同时通过其广告代理进行推广。与我和我的妻子一样，康柏公司牢牢掌握着自己的知识产权，但很乐意将其他业务交给行业内的专业人士打理。

当然，真正聪明的做法是让顾客免费成为你的工作伙伴，也就是所谓的"购物伙伴"。当我第一次在壳牌公司的营销部门提出自助加油站的想法时，同事们都觉得这种想法简直太疯狂了。谁会愿意下车，拿着又臭又脏的油管自己加油呢？大家普遍认为，企业肯定得提供大幅折扣才能吸引顾客这么做。然而，事实却截然相反。顾客并不需要任何折扣就会这样做，因为他们很享受能够自由掌控自己的时间，不必等待加油员的服务。

从理论上讲，从加油站到互联网的转变只需要一小步。如今，企业纷纷要求客户在网站上下单。通用电气公司估计，处理电话订单的费用为5美元，但如果在网上进行，则只需支付20美分。消费者从网上下单，企业会心存感激，但不要期待会有折扣。英国易捷航空确实为通过其网站进行的预订提供折扣，同时表示很快将不再接受其他方式的预订。对此，乘客们并不会抱怨，因为他们享受到了在线预订的便捷和实惠。

可以分包的工作似乎无穷无尽，这为构建新型合作伙伴关系提供了广阔的可能性。咨询公司不再局限于传统的仅为客户提供建议，而是进一步涉足管理服务领域。例如，电子资讯系统公司（EDS）将为客户运营整个电子商务业务，而这样的深度合作并非轻率之举，它基于与客户共享部分收益的商业模式。在这种模式下，客户负责提供内容，而电子资讯系统公司则提供技术和管理支持。看似每个人都在各自负责的领域内获得收益，然而，当出现问题时，谁该为最终结果负责呢？是企业还是业务分包商？这种新型、分散、众多分包且几乎难以察觉的组织结构，可能会成为责任推诿的便利借口。

特许经营或许是最具特色的松散组织的商业模式之一。据里夫金[⊖]所述，自现代的公司形态诞生以来，特许经营已成为最重要的新型商业组织模式。他甚至声称，特许经营企业现在已占据美国零售额的35%以上。你能想象到的几乎所有业务，如今都已采用特许经营模式。从发廊、驾校到课外辅导班、体育夏令营，琳琅满目。如同克隆人一般，特许经营正迅速构建由众多相似个体组成的世界，在我们的城市、城镇和购物中心落地生

⊖ 杰里米·里夫金，美国华盛顿特区经济趋势基金会总裁，享有国际声誉的社会批评家和畅销书作家。——译者注

根。尽管这或许并不符合我的个人喜好，但无可否认，这是组织实现指数级增长的一种方式，且无须雇用更多员工或投入更多资本。这也意味着，每年全球都有成千上万个新的小型商业企业通过特许经营开始运营。在某种程度上，特许经营可以被视为跳蚤般的个体创业的初级学校，为创业者提供了第一块跳板。

采用虚拟化经营的方式是一种新的管理策略。通过使用这种策略，企业可以将实物资产从资产负债表中剥离，转而由其他企业管理。同样，企业的员工薪酬也可以由其他企业支付。为了获得最低的分包价格，企业可以将需求放在网上进行招标。在这种模式下，企业可以选择将非核心业务外包，仅保留设计团队和信息系统，而无须管理其他业务。然而，这种策略也带来了新的问题，即管理和协调新的业务链条及"合作伙伴"变得日益复杂。这种复杂性往往难以量化，因为人们常常无法预见它所带来的差异化的挑战和困难。在大多数情况下，管理层的主要工作，变成了处理与合作伙伴之间分歧的旷日持久的谈判。一个潜在的风险是，在匆忙引进专业合作伙伴的过程中，企业可能逐渐变成空心的组织，仅仅是一系列合同的集合，失去了其独特的个性和活力。那些并不真正投入企业的人，往往不会关心企业的生死存亡。许多好主意，如果过度使用，也可能成为企业的负担。

当然，现实中的组织不能过于教条。无论公司是否愿意，员工都是拥有自己名字和需求的个体，甚至还跟企业签署了劳动合同。这些员工不是所谓的"人力资源"，更不能被视为"劳动力"。当我从东南亚回到壳牌公司伦敦总部工作时，我惊讶地发现，所有的信件都不是直接写给我的，而是写给我所在的代号为 MKR/34 的部门。在总部那座阿波罗式的塔楼里，只要在企业金字塔般的层级中有人工作就足够了，至于具体是谁用

MKR/34 这个代号则无关紧要。我注意到，自己的名字只是被放置在部门铭牌下方的一块塑料条上。按照当时的说法，我显然只是"跑龙套的"，而非可以担负重任的角色。这让我感到非常沮丧。每天早上，当进入公司的办公大楼时，我都感到情绪低落，因为知道自己又将作为无名小卒度过一天。

当组织越来越分散，其独特的内部成员之间的信任变得越重要。换句话说，我们现在处于"R"经济时代，这里的"R"（relationships）指的是人际关系。那么，问题来了：在一个组织内部，你能认识多少人，真正了解他们并叫出他们的名字，确信可以依赖或信任他们呢？也许是 50 到 100人？肯定远远达不到 1000 人。更何况，如果你仅仅通过电子邮件或视频会议与他们保持联系，而从未真正见过面，又如何能真正了解他们呢？我经常会被邀请参加各种论坛和管理交流会。在这个虚拟经营的时代，人们为什么还要花费金钱和精力，千里迢迢地赶到某个度假胜地，难道只是为了看一场 PPT 演示？在办公室或家里通过电子邮件提问不是更方便吗？但其实，他们这么做更多是为了能够面对面地交流，而不仅仅是为了听我的分享。邀请我出席的主要目的，往往是能够合规地为自己报销差旅费用。

5 年前，我参加了法兰克福书展。一般来说，我并不鼓励作者参加此类书展。在书展上看到堆积如山的图书，足足排出 20 英里，这对作者来说是多么令人沮丧的事情！当时有人告诉我，这可能是我最后一次参加这样的书展了。因为电子通信技术日益发达，图书交易完全可以在办公室里高效地协商完成。自那以后，我再也没有参加过任何书展。然而，我了解到，现在的书展规模比以往任何时候都更大和更精彩。

人们似乎普遍认为，要维持良好的关系，经常见面是必不可少的。如果人际交往中 70% 的信息传递依赖眼神交流、语气和肢体语言，而剩下的30% 则通过对话实现，那么这种经常见面的做法显然是明智的。

　　为了使今天的企业有效运作，管理者必须创建规模足够小的运营单位，确保每位员工都熟悉其他人的名字，并在业务链的关键参与者之间建立直接联系。尽管有时会计人员会抱怨差旅费并未因通话费用增加而减少，反而呈增长趋势，但对我而言，这并不令人感到意外。因为我们需要亲自与对方见面，才能确定对方是否可以信赖，甚至才能理解对方有时令人费解的电子邮件内容。

　　最近，我被苏菲（Sufi）教义的相关理论深深震撼，它让我认识到，理解了 1，并不意味着就能自然而然地理解 2。虽然数学告诉我们 1 加 1 等于 2，但其中，"加"这个字却蕴含着深远的意义。如今，新出现的分散型组织也开始发现这个小小的连接词所包含的重要内涵。

　　现在，客户都拥有代表自己个人需求和特点的标签，这个标签在市场上具有价值。人们似乎越来越愿意为个性化的服务买单。如今的汽车生产已经实现个性化，可以根据个人的喜好量身定制，顾客甚至可以在网站上实时查看自己订购车辆的制造过程。我入住丽思卡尔顿酒店时，收到一个包裹，上面写着"恭候汉迪先生回家"，里面装的是我 6 个月前落在酒店的洗衣袋。尽管这个破旧的洗衣袋对我而言并无特别之处，我也知道这一切都是在电脑记录的辅助下完成的，但酒店细致入微的服务仍然给我留下了深刻的印象。同样，亚马逊和许多类似的网站也会根据我过去的购买习惯，推送个性化的购买建议。

　　个性化设计对一切事物而言，绝非仅仅是个噱头。当我们把顾客视为独立的个体，会发现每个人都拥有长达 80 年的潜在消费能力，这正是企业所追求的利润所在。LTV（life-time value），即终身价值，已成为营销的新口号。企业若能成功绑定顾客的终身消费，便能优先获得可观的收益。获取顾客的姓名只是开始，各大企业都在积极寻求方法增强顾客的品牌忠诚度，从而长期锁定顾客。长久以来，银行为年轻的本科生提供优惠贷款，期望他们日后成功时能继续选择本行的服务；航空公司也通过积分制度吸引旅客。如今，企业更是纷纷提供免费产品，如软件程序，以换取顾客的姓名、地址和职业等信息，这不仅是企业进入顾客终身价值领域的途径，也是培养忠实顾客的开始。

科技为新一代伙伴关系和个性化成长增添了力量。即便没有科技的推动，这个时代也终将到来。创新步伐加快，市场更加开放，竞争更为激烈，这些因素共同推动企业精简机构、提升灵活性。在这样的背景下，思想和知识的重要性前所未有，然而它们仍主要保存在个人的头脑而非机器中。公司与个人个性化的崛起，是知识经济时代的必然趋势。这意味着，如今那些如大象般规模庞大的企业，将不得不发生深刻变革，变得与我曾经熟悉的壳牌公司大相径庭，管理难度也将相应增大。

当今世界，新流涌动，旧潮渐退。我时常怀念在壳牌公司的日子，尽管那里并不完全适合我，但那确实是一个友善的存在。与我在后来的经历中发现的政治界的钩心斗角相比，壳牌公司显得尤为平和。而在这个方面，学术界又比我后来涉足的世界更为温和。起初，我满心欢喜地认为壳牌公司会细心照料我的生活，公司的考虑也的确周到体贴。但渐渐地，我厌倦了公司自以为是的预设，认为它们知道什么对我最好。那些如大象般庞大的旧企业，已属于一个过去的时代。但在许多方面，那是一个更为善良且温和的时代。我觉得许多经历过那个时代的人会深深怀念那段岁月。

未来的大企业

虽然老式的大象般的企业可能会逐渐消失，但我们仍然需要大型企业，并且这些企业实际上会比以往任何时候都更加强大和具有影响力。大多数人仍将以各种方式与这些企业产生联系，无论是合作、工作，还是购买或销售产品，抑或是管理或被管理。因此，这些大型企业在未来不可避免地会对我们所有人产生影响。

然而，大企业在行为方式和做事风格上必须与我们以前所知的截然不同。这些商业巨头若不进行必要的改革，未来将会处于危险的境地。企业应当像对待股东一样对待那些为它们辛勤工作的人，并且必须牢记，市场法则绝不能凌驾于正义和道德之上。

新出现的大象般的企业正面临着以下 4 个核心挑战：

1. 如何在扩大规模的同时，保持组织的灵活性和对个体价值的尊重。

2. 如何将创造力与效率有效地结合。

3. 如何将企业的发展战略与社会责任相结合。

4. 如何像对待公司股东一样，激励和培育员工的创新行为。

第一个挑战

世界的学习过程虽然缓慢，但终究还是在不断前进，或者更准确地说，世界逐渐摒弃了陈旧的观念。对于组织而言，摒弃旧有的思维模式固然是积极的开端，但这并不能为我们指明下一步的行动方向。

未来 10 年，新的大象般的企业将面临一个巨大的问题，那就是如何管理拥有众多不同类型和大小的合作伙伴的长长的业务链条。这些合作伙伴形成了类似航线图的点状结构，而非传统的金字塔式层级结构。更为复杂的是，航线上的"飞机"都是由拥有各自思想和抱负的人来驾驶的。可以想象，大象般的企业管理者在试图理解并管理这一切时，所面临的挑战有多么巨大。企业管理顾问指出，由此形成的组织已经超越了简单的矩阵结构，它更像是一个网络，甚至是一个复杂网络。我更倾向于将其称为联邦制组织。这就是第一个挑战的答案：新的大象般的企业需要实现大企业与小企业的结合。

联邦制组织是经过实践检验的，能将具备一定规模的社群与应对全球化挑战所需的大型组织有机结合起来。我们时常被提醒，如今的世界已经变得像村庄、市场和生态系统一样紧密相连。我深信，若要将小型组织或社群希望得到认同的需求，与大型组织应对全球挑战所需的影响力相协调，联邦制组织无疑是理想的组织形式。因此，每个人都应深入了解联邦制组织的本质及其运作机制。无论是企业，还是卫生、教育和志愿服务等领域，我都坚定不移地支持联邦制组织。

商业企业在寻求拓展全球业务的同时，也需要保持足够小的规模以便在当地灵活响应客户需求，联邦制组织正逐渐融入企业。

事实上，联邦制组织采用集权与分权相结合的策略，将最能发挥效用的功能和决策集中在组织，同时赋予某个部门自行处理其他事务的权力。关键在于如何界定哪些功能和决策应由组织集中处理，哪些应由某个部门自行负责。有趣的是，组织的职能也可以分散，允许某个部门代表整个组织执行某些职能。例如，阿西布朗勃法瑞公司（ABB）在意大利的人事总监就一度负责这家大型跨国企业的整个研发管理工作。

然而，联邦制组织要想保持步调一致，其各部分必须相互依存，这样作为更大组织的一部分时，才能比单独行动时更加有效率。由独立企业组成的联合集团并非联邦制组织，它们可以像当初聚集起来时那样轻易地被瓦解。美国国际电话电报公司（ITT）和汉臣公司都是在国王般的管理者的领导下聚集起来的企业集合体，一旦领导者离开，这些集合体便会分崩离析。美国通用电气公司尚未能证明，当它的"国王"——杰出的并购企业家杰克·韦尔奇离开后，同样的结果不会发生。

尽管对外国人来说这样做有些冒昧，但我曾在一份美国杂志《哈佛商业评论》中列出了联邦制组织的五大传统原则，并对这些原则在组织中的应用进行了解读。我们需要清晰地理解这些原则，如果不尊重这些原则，联邦制组织就无法有效运作。

其中，占据首位的是那个晦涩但至关重要的词——辅助性原则。该原则要求让听得见炮声的人决策，认为上级窃取了本应属于他人的决策权是不道德的行为。包括我自己在内的许多管理者，往往违反了这一原则，导致周围的人感到消极和无力。

将联邦制组织应用于商业组织中，意味着我们认识到这些组织是一个个社群，而传统的机械式的命令已不再适用。社群需要被引导、影响和说服，而不是被命令。社群的成员希望未来在组织中拥有发言权，被信任，并获得成长的机会。

联邦制组织并非仅限于商业组织的运作模式。伦敦大学是典型的联邦制组织，由大约 30 个学院组成，其中包括伦敦政治经济学院、帝国理工学院以及我曾经任职的伦敦商学院。在伦敦商学院，我们拥有很大的自主权，但为了使用伦敦大学的品牌并授予学生其学位，也不得不放弃部分权力。伦敦大学保留了一些关键权力，例如，如果学生不符合大学的整体招生标准，大学有权否决我们对学生的录取。当时，作为项目主任的我，认为这是对学院的无端干预，因为那时还未真正理解联邦制组织。但随着时间的推移，我逐渐认识到这种机制的重要性。

英国国家医疗服务体系正在逐步向联邦制组织转型，其旗下拥有实行准自主化管理的医院信托基金和医生诊所。这些机构通过一套规则和统一的结算方式紧密地联系在一起，并通过这个体系进行服务交易。然而，该体系运行不佳的主要原因在于，参与者们并未意识到自己是这个联邦制组织的一分子，也不了解联邦制组织的原则与制度。

全国性的志愿机构最终不可避免地走向联邦制组织。当大部分参与者都是志愿者，希望在所做的事情中拥有一些实际的发言权时，指挥系统和控制系统就无法奏效。

第二个挑战

应对第二个挑战，即如何将创造力与效率有效结合，这需要我们具备必要的管理智慧并正确地管理组织。在这个动荡的时代背景下，创新和企业家精神对于任何组织的生存都显得至关重要，这一点几乎无须多言。历史学家阿诺德·汤因比在深入研究 21 个已消亡的文明后得出结论，这些文明的衰落主要是由于"过度集权"以及"不善于适应变化"所致。当看到大象般的大型企业集团不断崛起时，我感到一丝担忧：那些如同跳蚤般的小公司，能否为商业社会注入足够的灵活性和创新性，从而防止整个体系陷入僵化呢？

我妻子是一名肖像摄影师，1997 年我们决定携手合作一个项目。她渴望结识并拍摄那些富有创造力的人，而我则想探究创办企业、艺术团体或社区组织的创业者的动机和背景。我们称呼这些人为"炼金术士"，他们是那些能够从无到有创造新事物，或是能点石成金的人。这个词比"企业家"更加内敛，不那么锋芒毕露。我们感受到了这些创业者身上散发出的理想主义光芒，不论他们来自哪个领域。最终，这个项目的成果出版成书，名为《新炼金术士》（*The New Alchemists*）。书中收录了我妻子伊丽莎白创作的独特的"拼接"肖像画，这些画作将同一个人的不同方向的照片巧妙地拼接在一起，因为她坚信"每个人都有不止一面"。而我则负责撰写这些人物及其人生故事和目标的简述。

当凝视这 27 幅肖像时，我恍然大悟，这些炼金术士正是那些大象般的大企业所需的活力源泉，如同跳蚤一般激发它们的生机。事实上，坦诚地说，过去在大企业里，我也曾是那种需要外力推动才能行动的人，与许多人一样，只满足于完成手头的工作，不愿尝试任何新挑战。然而，我发现，这些炼金术士并非被动地应对问题，而是积极主动地去创造美好，做出改变。他们之所以能够如此，是因为具备以下三个独特的特点。

首先，满怀激情。在每一次采访中，"激情"这个词总是会出现。无论是创办企业、组建剧团，还是振兴一个日渐衰败的社区，他们都对自己所做的事情充满激情。这种激情，以及对自己所做之事重要性的坚定信念，赋予了他们第二个特点，即能够超越理性和逻辑，坚持自己的梦想，即使有时所有迹象都与之相悖。他们还具备诗人济慈在写给兄弟的信中提到的"消极能力"，即"一个人能够在不确定性、神秘性和疑惑中保持平静，不因追求事实和理性而感到烦躁"。在济慈看来，这是创造力的关键。坚持梦想，即使现实暂时与之相悖，需要一定的执着，甚至可以说是某种傲慢。而这些炼金术士都具备这样的特质。

然而，如果没有最后一个特质——用第三只眼睛看世界，那么这种消极能力将毫无价值。炼金术士看待事物的方式与众不同。我最喜欢的案例是由著名的设计师和餐厅老板特伦斯·康兰（Terence Conran）爵士贡献的。特伦斯并非出身富裕之家，年轻时在伦敦身无分文，于是和一位朋友决定为像他们这样的年轻人开一家低成本的小吃店。那是在 20 世纪 50 年代，英国食品的质量非常糟糕。为了学习餐饮行业的经营秘诀，特伦斯主动去巴黎的一家餐厅当洗碗工。他回来后告诉朋友："我发现了一个普遍的真理——厨师都是混蛋。"他们凭借自己的第三只眼洞察了客户的需求，于是决定开一家没有厨师的餐厅。随后，伦敦的第一家浓汤餐厅（Soup Kitchen）应运而生，那里总有一大锅美味的汤在熬制，只有两名男服务员提供服务，店内有法式面包和当时伦敦仅有的第二台浓缩咖啡机。

然而，我不禁好奇，他们是如何具备这种消极能力以及反抗体制、勇往直前、追寻梦想的自信的呢？基因在其中必定扮演了某种角色，尽管在他们的个人家族历史中并未发现任何明显的炼金术士的先例。此外，他们从小在父母的鼓励下尝试实验和小规模创业的经历，似乎也起到了作用。

更为关键的是，大多数成为炼金术士的人都在某个时刻，收到了类似于当年老师给我的那颗金色种子。他们尊重的某个人——一位老师、第一个老板、一位牧师或教父，识别出了他们的特殊才能，并告诉他们他们在这方面是特别的。炼金术士迪伊·道森（Dee Dawson）告诉我："当我参加考试得到 A 等成绩时，生物老师说我是整个地区成绩最好的学生。那一刻，我知道自己很聪明。"带着这种信念，她在 30 岁时申请了医学院，尽管当时她已经有了三个年幼的孩子。她顺利入学，毕业后创办了英国第一家为厌食症儿童提供住宿治疗的诊所。

还有，我们猜测炼金术士们会从周围充满尝试与创造力的氛围中汲取力量。我们特意将研究对象限定在伦敦，因为相信 20 世纪末的伦敦是一座充满活力的城市，创造力在这里蓬勃发展。似乎世界许多地方都有创新的集群，比如美国的硅谷和旧金山湾区，欧洲的巴塞罗那和都柏林，以及澳大利亚的悉尼。我们样本中的一些人也选择搬到伦敦，因为"那里是创新行动的中心"。

当我聆听炼金术士们的心声时，不禁好奇他们是如何应对与大象般的企业合作的。在我看来，他们的热情主要来源于对自身创意的强烈归属感，这种归属感既体现在心理上，也体现在法律上。他们的身份与项目紧密相连，这些项目往往以他们的名字命名。那么，大型组织能否给予创造性人才足够的试错空间，允许在成功时让最终产品以他们的名字命名，并赋予他们一定程度的法律所有权呢？当试验或产品开发未能达到预期效果时，组织又能否容忍由此产生的浪费呢？组织能否学会用种下金色种子的方式来激励创造性人才，而不仅仅是依靠传统的绩效评估面谈呢？

如果阿波罗式的组织文化仍然盛行，想得到这些问题的答案就会大费周折。在这种文化氛围中，创造力往往会被视为阻碍组织有序运行的障碍。创造力加上试验的复杂性和不确定性，使得它们难以被按部就班的逻辑思维所接受。然而，联邦制组织结构却为各个独立单位提供了创新的空间，允许它们在不影响整个组织的情况下进行尝试，直至取得成功。这种结构还促进了组织内部的学习，可以培育多个试验集群，在合适的地方播撒创新的金色种子，并激励年轻人发挥创造力。所有这些活动，都不会打乱主流组织有序前进的进程。

一些企业在自己的版图内创建了创意集群。例如，施乐公司在加利福尼亚州的帕洛阿尔托建立了著名的帕克研究中心。然而，尽管该机构提出了个人电脑业务开发等最佳创意，施乐公司却忽视了这些创意，这表明总部之外其他人的创意并不总是能受到总部的欢迎。此外，还有一些公司设立了内部风险投资机构，为提出值得投资的创意的团队提供资助。比如，摩根大通就斥资 10 亿美元推出了名为摩根实验室的互联网金融部门，该部门旨在支持公司内外有前景的创意。它们希望通过这种方式吸引那些潜在的"炼金术士"，加入这个被外界视为有些保守的机构。

另外，为了充分利用教师和学生的科学研究成果，企业还扩大了合作范围，积极与研究型大学结成联盟。我们通过对一些充满活力的城市进行研究发现，研究型大学的创新思维、充裕的研究资金、活跃的艺术氛围、富有启发性的教学体系和良好的通信基础设施等要素的融合，共同构成了创意集群的基石。尽管组织本身无法独立创造这些条件，但可以通过积极参与融入其中。

1998 年，我与妻子伊丽莎白受邀前往新加坡，协助该国政府审阅其初步制定的人力规划草案。据政府介绍，新加坡面临的主要问题之一是需要培育一种更具创业精神的文化氛围。然而，在创意集群所需的各种条件中，新加坡仅具备了充足的资金和完善的通信基础设施。这个拥有四百万人口的国家，虽然繁华但缺乏活力，没有专业的艺术机构，第一个美术馆刚刚开放，大学内更是缺乏科研设施。政府向我们介绍的唯一一位真正的创业者，其实是在加利福尼亚州和都柏林创立了自己的事业后，才将部分业务迁回新加坡。

值得称道的是，新加坡政府已经意识到了这一问题，并着手将改变教育体系列为优先事项。它们通过削减核心课程 30% 的内容，为学生们留出更多时间进行创新。新加坡已经建成了一座非常出色的艺术表演中心，但目前还没有表演者入驻。然而，新加坡政府将人力规划着眼于未来 20 年的做法是非常明智的，因为创意集群的构建需要时间。

许多国家都存在的一个主要问题是政府缺乏炼金术——创新和变革的能力，而政府本身恰恰是最大的大象般的组织，难以轻易改变。英国政府有自己的国家智库，只不过不同届的政府对其称呼有所不同，但在政府各部门中可能存在炼金术士的想法却是异想天开。政府的公务员自然倾向于规避风险。在问责机制下，犯错往往意味着惩罚，成功和创业精神不会受到奖励，谁愿意冒险呢？与其打造一个英国中央政府控制的充斥着跳蚤般个体的"跳蚤窝"，不如建立一个风险投资中心，为各部门的创新项目提供资金支持，从而使创新合法化，并将活力传播到中央政府以外的地方，岂不是更有成效？如今，由于政府内部缺乏真正的创新和变革能力，外部人员有了发挥创意的机会，但由于没有实施创意的责任和权力，往往只能成为随波逐流的跳蚤般的个体。

整个组织有时会成为生机勃勃的集群。史蒂夫·乔布斯领导下的早期的苹果公司就是一个充满创意的群体。这是一群 20 多岁的炼金术士，几乎完全由渴望改变世界的跳蚤般的个体组成，他们确实对世界进行了很多改变，我们现在使用的点击式鼠标就是他们的创造。然而，当他们成功将苹果公司变成大象般的企业时，问题就出现了。此时，比尔·盖茨在西雅图取得了更大的成功，他将那些曾经是跳蚤般的个体变成了百万富翁，同时仍然让世界上最富有的大象般的企业稳定前行。跳蚤般的个体和炼金术士们会说，金钱并不是最重要的，但他们也不愿意看到别人榨干自己用创造力创造的价值。

基于上述原因，到目前为止，当研发项目被证明成功后，大象更倾向于购买炼金术士的工作成果，只留住成果而非雇用炼金术士。炼金术士们从来没有退休的想法，他们会按图索骥去开发新的产品。特伦斯·康兰在 70 岁时的创意比以前更加前卫。迈克尔·杨作为社会炼金术士的杰出代表，在他工作的时代已经创立了 49 个机构，包括英国开放大学的前身。即使现在他已经 80 多岁了，但 3 年前他还是建立了迄今为止最雄心勃勃的项目——一所社会企业家学校。

有些人寻求这类问题的答案时会借鉴好莱坞的方式，但这里并非指其电影产业，而是指其组织运作方式。约翰·霍金斯（John Howkins）在《创意经济》（*The Creative Economy*）一书中对此进行了恰当的描述。他说，好莱坞的核心是创意人员，无论是在镜头前还是镜头后，大多数人是由电影公司支付薪酬但并非电影公司的雇员。如今，电影公司只雇用高级管理人员和后勤人员，其余人员则是独立从业者，通常通过自己的个人公司运作。

电影行业必须不断进行类似炼金术的创作。它的核心业务要求它从无到有地不断产生一系列创意，并且这些创意可以被制作成产品。在好莱坞的工作室中，没有一成不变的情景。制片人在全球搜寻可能成为电影题材的素材，暂时与具有创意的人们一起在临时的组织中工作，或者只在需要时雇用一些临时演员。因此，好莱坞也培育出了一个充满活力的群体。正如霍金斯所指出的，好莱坞不仅是世界上最大的电影产业中心，也是世界上最大的电视制作基地，就像一个大家庭一样支撑着这个产业，为这个产业提供各种才能的明星、律师和动物演员等一切资源。

值得注意的是，当两家日本大象般的企业——索尼和松下进入好莱坞，分别收购了哥伦比亚电影公司和环球影业公司时，它们发现自己无法应对这个跳蚤般的个体和炼金术士组成的世界。正如成功的娱乐企业家巴里·迪勒所说，"企业所有权的问题不应成为关注的重点。重要的是个体的活力、个性和创业精神。其余的无关紧要"。其他大象般的企业也应该认识到这一点。

第三个挑战

随着企业如大象般的规模不断扩大，企业也变得越来越引人注目。然而，它们也面临着盈利和承担社会责任之间的矛盾。仅仅缴纳税款，将其余事情交给政府并不足以满足人们的需求，它们还需要承担更多的社会责任。

大象般的企业将其业务分散至世界各地，其核心可能是脆弱的，甚至是空洞的，但在外界看来，它们仍然像巨兽。2000年11月，我的老东家壳牌公司宣布，上个季度的利润为 20 亿英镑。新晋的大型企业沃达丰在几天后就宣布了同样的业绩，但英国石油公司以 25 亿英镑的季度业绩超过了它。在接下来的英国议会上，财政大臣宣布由于英国经济增长突飞猛进，可以在明年以多种方式向纳税人返还 20 亿英镑。

严格地说，这些数字不应该被用来进行比较，因为国家不需要盈利。但很容易看出，为什么许多观察家认为，大型企业现在比许多国家更富有、更强大。诺基亚的价值高于芬兰的国内生产总值。人们担心，这些新的企业王国除了对向其投资的金融家负责之外，将不对任何人负责，它们可以随心所欲地转移资产到其他国家，只留下空荡荡的工厂或仓库。更糟糕的是，它们的财务实力会使政府俯首帖耳，企业声称的对社区或环境的关注只是形式主义。人们觉得，大象般的企业可能超出了任何人的控制范围。

这其实只是一种幻觉。首先，大公司在全球经济中的份额一直在下降，而没有增加。从 1993 年到 1998 年的 5 年中，它们的占比已经从30% 下降到28%，预计到 2020 年，将降至15%。通常所谓的跨国公司根本不是跨国公司，而是拥有海外业务和合作伙伴的地区性公司。也许只有像 ABB 公司，这个不同寻常的瑞典与瑞士的工程巨头，在世界上大多数国家总共拥有超过 1500 家小型运营公司，这样的公司才可以真正被称为跨国公司。即便是壳牌公司，也仍然是一家以英国与荷兰为核心的企业。大公司仍然扎根于自己的祖国，并在那里缴纳了大部分税款，仍然在本国政府和公众的管辖范围之内。

许多人，包括我自己，都担心这些庞大的企业在重组或并购后，会丧失自身的身份，变得像 ABB 一样仅仅是一堆字母缩写。然而，我们却忘记了 ABB 所代表的是阿西亚（Asea）、布朗（Brown）、勃法瑞（Boveri），这些真正的创始人名字的首字母缩写。过去，公司以创始人和所有者的名字命名，代表着一些理念，而不仅仅是追求利润。当公司的名称变成缩写时，这意味着企业故意与自己的历史断绝联系。在这个过程中，企业通常会失去个性，变得毫无特色，并从人们的记忆中消失。

有些企业，如 IBM 或通用电气公司，通过长期的努力，成功打造了自己的品牌，但这一切都需要时间。然而，将企业命名为 AXA（法国安盛集团）、RSA（太阳联合保险公司）、Vivendi（威望迪环球集团）或 Diageo（帝亚吉欧公司），却很难赢得人们的信任，因为这些名字似乎只是为了经营便利而随意捆绑在一起的。人们会质疑，这些企业是否真的是为了共同经营而组合在一起成为集团，而不仅仅是因为方便而已。如果企业经营不善，是否会再次被拆分？在重组和拆分的过程中，谁来对公众负责？

同样令人不安的是，复制大象般的企业、轻松扩张特许经营组织和零售业的文化影响。当中的矛盾在于，为了吸引更多的顾客，特许经营的浪潮导致了小型个人组织的消失。城镇变成了彼此的复制品，克隆出来的店铺比肩而立，这让我们的世界变得与星巴克一样千篇一律。2000 年的全球化抗议示威活动，就是反对全球化带来的文化污染，以及国际机构如世界贸易组织、国际货币基金组织等权力过度膨胀的问题。

这些示威活动表明，无论合理与否，观念都是十分重要的。顾客和即将入职的员工变得更加挑剔。2001 年，互联网上有 100 多个热门网站口诛笔伐某些公司不道德的行为。当孟山都（Monsanto）公司试图向第三世界的农民销售"自杀式种子"（不再能自我繁殖的种子）时，这意味着农民不能再为下一年储备种子，而必须购买新的种子，孟山都遭到了一片谴责之声。孟山都输掉了这场战斗，失去了企业的良好声誉。品牌是脆弱的，声誉更加重要，正如壳牌公司在 20 世纪 90 年代，因被指控在北海污染环境和在尼日利亚践踏人权后所付出的代价所证明的那样。谁会预料到德国的汽车司机会向壳牌公司的加油站射击，以表示对该公司在北海和尼日利亚行动的抗议呢？

我认识的壳牌公司和其他公司的管理者都是正派的人，他们不会刻意剥削任何人或破坏环境，工作之余，他们也关心环境和世界上的贫困群体。然而壳牌公司却勇敢地宣称："我们认真审视自身作为一家企业的行为，也并不太满意。"它们明白，作为一家企业，必须更加努力，不仅要变得更好，还要被人们认可已经达到了更高的标准。企业的社会责任不仅仅是将一部分利润捐给穷人，也不仅仅是关于企业赚取了多少利润以及如何使用，更重要的是企业如何经营业务，如何平衡不同利益相关群体的需求。

企业环境保护和社会责任的审计结果已经开始公开披露，环境保护和社会责任以及财务结果的三重标准，正在成为衡量领先公司的普遍做法。显然，在一群年轻高管的推动下，英国石油／阿莫科（BP/Amoco）公司宣布，英国石油公司现在会成为"超越石油"（beyond petroleum）的新型能源公司。这一愿景也许过于美好，令人难以置信，英国石油公司也没有采取任何实质行动支撑这种美好的说辞。但这表明，新一代员工希望所付出的时间和工作，可以达成超越股东价值的目标，帮助世界变得更加美好。公司再也不能通过只做些慈善事业来获得人们的尊敬。人们越来越想知道企业是如何赚钱的，以及赚了多少钱。企业不能赚得富可敌国，同时又不对自己的经营行为负责。

最近，英国政府要求养老基金受托人在其报告中陈述道德价值观，并可能在修订后的公司法中也包含类似的要求。这种正式的规定将有助于提醒企业经营者，企业不仅仅是一台赚钱机器，也是社会的一员，必须承担社会责任。我认识的企业经营者非常支持这些法律规定，因为竞争对手也必须按照这些规定经营企业。

最终，企业会在公众行为方面更多地受到顾客和员工的问责，而不是股东，这得益于像绿色和平（Greenpeace）组织这样的社会团体，以及企业经营者的良知。在英国，每年都有一个"带女儿去上班"的日子。这个想法是让小女孩们了解一下工作的意义，且这么做也可以促进父亲努力工作。在一次讨论中，一个聪明的 14 岁女孩说她对父亲的一些工作重点感到惊讶，她说："爸爸在家里不会这样做。"这位父亲对此感到诧异，但也承认在办公室跟在家里的样子会有所不同。他笑着说："也许我应该雇用闺女来监督我做真实的自己。"实际上，人们在上班时不应该需要女儿来确保在工作中展现真实的自我。

第四个挑战

公司发展需要的不仅仅是资金，还有思想、技能和知识这样的智力资产。如今，这些智力资产被认为是大多数组织最关键的资产。然而，不能再指望员工个人无条件地将所有的智力资产奉献给企业，以换取雇用合同。员工的智力资产权益必须与企业的法人和股东权益取得平衡。

过去对财产的定义是可以看到和测量的东西，这些东西可以被出售、租赁、使用。如果你拥有资产，你甚至可以毁掉它。但是，智力资产却无法按照上述方式被处理，即使它已经申请专利或受版权保护。因为它存在于人们的头脑中，所以无法被破坏。即使我从你那里买来想法，我也无法毁坏它。这就是为什么会计师们很清楚，智力资产只能通过市场对公司的总估值减去实物资产的价值来衡量。但是，用差价来定义事物并不完美，因为这表明这些资产并不存在，它们只是操作机器的幽灵。这种不可见性可以解释人们对这种新型资产的混乱认知，因为人们怎么能声称拥有一些经常无法被看到或计量的东西呢？正如质量管理大师 W·爱德华兹·戴明（W. Edwards Deming）所指出的，商业中有 97% 的重要元素无法用数字来衡量。

人们也在尝试量化评估智力资产。大卫·博伊尔（David Boyle）在他的《数字暴政》（*The Tyranny of Numbers*）一书中列出了一些以首字母缩写命名的评估模型——全球投资业绩标准（GIPS），组织行为价值评估标准（TOMAS），全面质量管理架构（EFQM）和居民健康风险评估模型（BREAM）。现在有了新的社会评估标准，如社会责任标准（SA8000）、可持续发展报告标准（GRI）和 AA1000[⊖]标准。一些学者甚至试图用 11 个维度的指标来衡量文化。然而有人怀疑，所有这些善意的尝试只会证明戴明的说法是正确的。真正重要的东西是不能用数字来衡量的，或者，正如《财富》杂志的托马斯·斯图尔特（Thomas Stewart）所说，"数瓶子比描述葡萄酒的好坏容易多了。智力资产不仅是无形的，也是新的，同时也很脆弱"。"名誉啊名誉，"奥赛罗[⊜]在自己犯下的一个灾难性的错误后喊道，"哎，我失去了自己不朽的英名，剩下的只有野蛮。"印度博帕尔的毒气泄漏事件之后的联合碳化物公司，或者诸如孟山都和壳牌这样的公司，一旦犯下错误，就会对其声誉和股价造成伤害，这是一个令人悲叹的事实。

因此，新的大象般的企业真的试图培养自己的炼金术士，不同形式的智力资产的归属将成为未来几年越来越热门的话题。特别是，这些智力资产的发起者将会要求企业分享一部分成果。他们会问，为什么所有的利润都流向那些只出钱而不是贡献时间或技能的股东？为什么雇用合同必然意味着在合同期间产生的一切成果都属于雇主？

　⊖　英国社会和伦理责任研究院制定的履行社会责任标准。——译者注
　⊜　威廉·莎士比亚创作的四大悲剧之一《奥赛罗》中的主人公。——译者注

　　可以设想炼金术士像我作为作家一样被对待，可以从工作成果中获得一部分收入，也许表现为享有部分公司股权或分红，但这些安排需要双方事先协商，并共同决定。就我个人而言，我宁愿分享图书销售后的版税，而不愿自己的收入与出版商未来的股价挂钩，因为我无法以任何方式影响出版公司的运营。据估算，约有 30% 美国公司的股权已经与承诺的股票期权挂钩。对企业而言，这是一种低成本的付薪方式，因为它不会在企业的账目中计为成本。然而，这种奖励人才的方式存在风险，且对人才的激励效果具有不确定性。

　　正如经济学家约翰·凯（John Kay）所指出的那样，比尔·盖茨目前持有微软公司 25% 的股份，而员工则持有另外 15% 左右的股份。如果股价每年上涨 10%，员工股东的股票价值将上涨约 70 亿美元，几乎完全与微软的利润持平。如果把这笔钱作为员工的报酬发放，公司的利润就会消失。如果回报炼金术士们的方式是让他们拥有更多免费的股票期权，那些为承担风险而支付了真金白银的股东们可能就会拍案而起了。

　　当一家公司的资产中有如此多的无形和不可见资产时，资产通常都存在于员工的头脑中。他们随时都可以带走这些资产，那么说股东们"拥有"一家公司还有什么意义呢？盛世长城国际广告公司的董事会解雇了莫里斯·萨奇，他顺从地离开了，但是带走了英国航空和玛氏这两个大客户，还有一些重要岗位的员工。结果该公司的股价立刻跌了一半。股东们发现，他们实际上拥有公司的一半资产。股东所有权到底意味着什么，历来都不是很清晰。持有壳牌公司的股份并不意味着我可以要求使用公司的办公室，或者在紧急情况下向公司借款，更不意味着我能拥有公司里的员工。员工不是私人财产，也不是任何人的奴隶，只是根据法律和合同规定拥有权利的雇员而已。

我认为，人们最终会不得不放弃股东对企业所有权的不切实际的执念。股东更像是贷款的债权人，有权获得资金的回报，这些回报取决于企业的利润。除非公司违约，否则股东没有出售或关闭公司的权利。股东提供资金，而其他人则贡献时间、技能、创意和经验，这些人也有权获得各种固定的收益。没有人能完全拥有任何事物。将一群将创意转化为产品的人视为可以被他人拥有的财产，是非常荒谬的观念。

资本的推动将一如既往地成为变革的杠杆。世界各地的资本已经十分充裕。1999 年，美国公司获得了 500 亿美元的风险投资，是 1990 年的 25 倍。证券交易所上市的公司募集了 700 亿美元的新融资，是 1990 年的 15 倍。20 世纪 90 年代美国股市蓬勃发展的主要原因是，有大量的资金在寻找投资渠道。即使全球股市下跌，这些资金仍将蓄势待发。因此，股东的权利将被减弱，创意（而不是金钱）将成为稀缺资源。

与此同时，越来越多的人将意识到他们的知识具有市场价值。他们不愿意以时间为基础签订合同、领取工资或薪水，他们希望收取费用或版税，即利润的一部分。不同之处在于，工资支付的是用于花费时间的金钱，而费用支付的是用于完成工作的金钱，与花费的时间无关。

员工在企业中会获得工资或薪水作为报酬，而独立工作的人则会收取费用。独立工作的人所出售的是自己专业知识的成果，而不是专业知识本身。员工出售的是自己的工作时间，其中已经包含了将这段时间用于盈利所需的成本。我相信，我们会看到越来越多的独立人士向企业收取费用，以保持对其知识的控制。更多难以捉摸的知识产权将属于跳蚤般独立工作的人，这些知识产权仅借给大象般的企业使用。

里卡多·塞姆勒为巴西的独立公司——赛科公司的员工提供了 11 种不同的薪酬选择，包括固定工资、各种提成方案、股票期权和目标绩效奖金。这些选择可以组合成多种付薪的可能性。虽然赛科公司拥有 2350 名员工，但它实际上是由一群独立个体组成的宽松联盟。联盟总部兼具风险投资家、孵化器和咨询顾问的角色。该公司对人才的信任，已经达到了有人认为不切实际的极致程度。但越来越多的组织将不得不效仿赛科公司的做法，将员工视为独立个体而非同质化的人力资源，并按个人贡献支付报酬。

智力资产的运行机制可以是通过个体公司进行整合。约翰·伯特最初加入 BBC 担任总经理时，并非作为一名雇员领薪水，而是以他个人的公司与 BBC 签署合同。他的做法领先于时代，在 BBC 和外界都引起了轰动。但随着时间的推移，越来越多的人开始采用这种方式，让个人公司与企业合作，通过代理人或律师进行合同谈判。对于演员和作家来说，这已经是司空见惯的做法，将来对于企业来说也会变得顺理成章，对于提供法律服务的律师来说这也是一场盛宴。在这个跳蚤般的个人掌握重要财产的世界中，大象般的企业如果想留住最优秀的人才，必须调整自己的工作方式。塞姆勒曾自豪地宣称，在过去 6 年中，他公司的员工流失率不到 1%。

组织会是一群跳蚤般的个体组成的联邦吗？有人认为，我们都希望以这种方式工作和生活，既独立，又属于比我们自己更强大的群体。伦敦商学院的教授尼格尔·尼科尔森（Nigel Nicholson）在他的著作《管理人类这种动物》（*Managing the Human Animal*）中认为，我们从史前祖先那里继承的做事方式，被"硬编码"成某种固定的行为方式。他用"你可以把管理者从石器时代带走，但不能把石器时代从管理者身上剥离"来表达这种观点。在这种新达尔文主义的世界观中，理想的组织应该具有小单元、灵活的层级和较强的领导力等特点，主要通过项目团队工作，但又认可个体的贡献；认可多元化，但又具有高度的信任和参与度；具备自我批判能力，但通过认可个人成就的方法来实现激励。我们都希望在这样的组织中工作，不是吗？

也许我们天生倾向于成为各种类型的跳蚤般的人才，但组织却把我们的直觉推进逻辑的黑箱，用教育说服我们，将理性置于人性之上。如果真是这样，在经济的压力下，大象般的企业将越来越多地将人视为个体经济单位，让组织的行为与人性的本质需求保持一致，使双方都获益。除非上述情况成为现实，否则我们可能会看到形势逆转，掌握智力资产的关键岗位的员工将左右企业的命运。

Chapter 5

第五章

新旧经济的此消彼长

我们每个人，包括大象般的企业和跳蚤般的个体，都在整个社会经济的背景下运作。互联网及其带来的可能性会诱导许多人去预测一种新型经济的出现，一种具有无穷灵活性和无限增长的经济。美国经济持续增长的一段时间，得益于新技术的发展，这似乎支持了这些人的想法。然而，理想与现实总是存在差距。新经济实际上仍然遵循一些旧规则：利润无法无限期递延，股价依然起伏不定。不过，新技术给我们带来了许多新型设备和令人兴奋的新型工具。我们所看到的一些事情只是新瓶装老酒而已，可能只会引起人们一段时间的兴趣，并不会改变世界。但另一些事情可能真正会对社会产生重大影响。

我观察到一些符合常理的事，在 5 岁之前发生的技术变革，我们视为常态；在 35 岁之前发生的变革，我们通常看作激动人心，认为开辟了通往新的可能性的途径；但在 35 岁之后发生的变革，我们可能会感到不安和困扰。因此，年幼的孩子能轻松使用电脑和手机等新生事物。如果这就是所谓的电子革命的话，它往往是由 20 多岁的企业家领导的，而年长的一代人通常会过多地持怀疑态度。

作为一个 60 多岁的人，我可能不会无条件地热衷于追逐新技术。我们既不能也不应该阻挡技术的进步，毕竟这是人类创造力的体现，且这样的发展趋势也是不可逆的。尽管如此，人们在经历了初期的迷茫或兴奋之后，往往会逐渐将这些变革融入日常生活中，像以往一样继续生活和工作。毫无疑问，能够自动生成购物清单的冰箱将变得越来越普遍，正如那些不仅能显示时间，还能指示目的地位置及导航路线的智能手表一样。但这些变化并不会从根本上改变我们的生活方式。

44 年前，我在吉隆坡开始了我的职业生涯，担任壳牌公司的市场助理，3 年后才能再次回到英国，因为每次旅途都要花费很长时间。圣诞节到了，我想打电话问候爱尔兰的家人。这并不是一件简单的事情，必须提前几周预约电话时间。拿起电话时，我听到世界各地的接线员之间此起彼伏的呼叫声，"孟买呼叫开罗，有一个打到伦敦的电话请转接"。电话一路接到我家在爱尔兰当地农村的交换机，我听到了邮局局长琼斯夫人的声音。

"是查尔斯先生吗？"她说，"您父母知道您会打电话。这里的天气糟透了。您在哪里，一切都好吗？"

"琼斯夫人，听到您的声音真是太好了，但我只有 5 分钟的时间，确实想和我的父母说说话。"她勉强地为我接通电话。她并不是每天都能和一个在世界另一边的人聊天。

目前，我女儿在新西兰工作。我们主要通过电子邮件与她保持联系，每周还会打一次电话，每次通话半小时，这只需要花费 1 英镑。无论是在英国、新西兰，还是世界的其他角落，我们每年至少能见面两次。只有当我回想起自己职业生涯初期的日子，才能深刻意识到通信技术领域已经取得了巨大的进步。值得一提的是，我们都很自然地适应了技术的变革。我想，也许有一天，太空旅行会像今天从伦敦乘坐欧洲之星去巴黎享用午餐一样平常。科技让世界变得更小，但它真的改变了我们的世界吗？

我也被这些技术变革所吸引。只要某样东西存在，人们就会很想使用它。由于现在从吉隆坡飞往伦敦开会是可能的，所以人们都这样做。因为点击两次鼠标按键就可以将消息复制给一半的组织成员，所以我们会这样做。因为 24 小时在全球各地做生意是可能的，所以我们也这样做了。结果就是自己累得精疲力竭。我的第一个独立管理工作是在沙捞越州管理壳牌公司的营销公司。那里与地区总部和新加坡的老板们没有直通电话，但我们能够独立应对公司的管理问题，因为必须这样做。

或许这样更好，因为总部评判我的唯一方式就是看经营结果。如果有人愿意花两天时间来看望我，那一定是因为公司对当地的经营情况非常担心，毕竟这里又不是什么豪华舒适的地方。我那时候还很年轻，只有 24 岁，几乎分不清汽油和煤油，但我学得很快。如果我犯了错误，至少有机会在别人注意到之前纠正。在今天，可能做不到没有上级管理，依靠自己的高度自律完成工作。错误可能会减少，但学习的机会、承担的责任也会相应减少。

电子零售或企业对客户（B2C）业务的早期发展，并不像技术专家所预想的那样取得了飞速的成功。如果消费者要购买的是信息或建议，或者是其衍生品，如机票、酒店预订或股票等可以通过屏幕交付的产品，尽管关于保护个人隐私的顾虑仍然存在，但这个系统工作得还算不错。但如果是必须当面交付的产品，那么我们就会发现自己被推回了旧世界，送货员把东西放进箱子，开着货车，按时或延时送达。这和老式的邮购业务没有什么不同，也和我父母在爱尔兰教区的日子一样。我母亲每周给都柏林的杂货店打一次电话，货车每周五到达，通常至少有一件东西"缺货"，还会有一件因为对方听错订货信息而送错。

在光鲜亮丽和开始的激动人心的背后，早期互联网企业所面临的真正的管理问题与新组织一直面临的问题非常相似。设计网站是一种新的乐趣，但企业的创始人仍然需要将最初的想法转化为合适的商业计划。他们必须向潜在的天使投资者、银行和风险投资家推销自己的商业计划，而这些人通常会持怀疑态度，谨慎行事，并不愿意为一个梦想轻易投出大量资本，这与过去没有什么不同。融资到位后，互联网企业还需要进行市场营销和广告宣传，同时要处理来自仓储、配送和呼叫中心等更加枯燥的问题，所有工作都涉及招聘、物流管理和培训等传统的管理领域。

我曾经听过早期英国拍卖网站 QXL 的创始人之一分享他的经历。他说，真正的问题并不在于业务理念或者技术，而是员工们无法按时上班所带来的挫败感。另一位电商经营者告诉我，她主要困惑于如何激励位于英格兰北部呼叫中心的年轻员工，他们从事着枯燥无味的工作，没有感受到这个行业的魅力。每年员工流动率高达 30%，给企业带来额外的经营成本，而这些成本并没有在最初的商业计划中被考虑到。一位互联网创业者告诉我："我错误地认为年轻人的热情可以弥补缺乏经验所带来的问题。结果，我不得不和与我一起创业的每个年轻人分道扬镳。"

另一位成功的创业者无法向我透露公司哪些业务正在盈利，哪些正在亏损。她说，像她这样的人都一心忙业务，没时间管财务。她抱怨说，投资人一直在谈论公司的"烧钱速度"，即企业资金耗尽的时间。她说："投资人对公司的未来和我本人都没有信心。"我认为投资人对此的担忧并非没有道理。在网络世界中，管理人员和资金仍然是企业成功的基本前提。虽然形势不断变化，但许多旧的技能仍然在新的世界中发挥作用。

《经济学人》杂志对电子商务进行了调查，并结合电子商务主题的众多著作，对管理网络世界新业务所需的 10 项技能进行了总结，清单如下：

1. 速度。一切都发生得更快，官僚主义会阻碍决策。

2. 优秀的人才。企业需要更少但更优秀的人才。

3. 开放。透明的管理模式有益于业务发展。

4. 协作。团队是协作的基石。

5. 制度。制度和流程标准是提高效率的关键。

6. 良好的沟通。人们需要知道所有正在进行的事情。

7. 内容管理。80% 的信息都是客户不需要的。

8. 以客户为中心。把每一个客户都当作个体来对待。

9. 知识管理。分享所知道的知识。

10. 以身作则。身体力行，线上实践。

我认为这份技能清单并没有多少新意。顺序可能略有不同，但这就是我三十多年来一直敦促组织及其管理者要身体力行的清单。在网络世界中，管理仍然是一个常识性的问题。完成以上技能清单上的工作仍然很困难。

当思考这些事物的新奇程度的时候，我听了《维多利亚时代的互联网》的作者汤姆·斯丹迪奇在皇家艺术学会的演讲，他指出，人类经历过类似的情况。19 世纪 40 年代，随着电报机的发明，产生了类似于蜘蛛网的电报网络，并以指数级的速度增长。这导致了新的公司和商业模式的出现，也使商业社会的工作节奏加快到了史无前例的程度。企业不得不接受这项新技术，但人们却抱怨信息爆炸以及对家庭生活产生的影响。同时，新形式的犯罪也随之出现，促进了代码和密码的发展。电报员们在聊天室里交流，讲笑话，交换八卦，甚至不可避免地发展出了异地电报员之间的爱慕之情。

斯丹迪奇说，关于电报业务的炒作甚嚣尘上。有人宣称，"地球上的所有居民都将融入一个大家庭"。一些评论家宣布人类已经进入了一个新的和平时代，有人说，"当这样的工具被创造出来，用于各国进行思想交流时，旧的偏见和敌意不可能再存在"。

可叹的是，事实并非如此。世界很快适应了新事物的到来，并继续按照以往的方式运行。今天，可以说人们只是在见证通信技术的改进，这对人们来说也是小菜一碟。斯丹迪奇总结说，维多利亚时代的人们会对飞机印象深刻，但会认为互联网已经过时了。总的来说，正如比尔·盖茨坦诚地承认的那样，与基本医疗和营养保健等重要事项相比，全球互联网联通在人们优先事项列表中排名相对较低。

一则由日内瓦一群私人银行家刊登在《经济学人》中的广告引起了我的注意。广告的标题是，"我们在网上已经工作了 200 年，换句话说，我们直接与客户沟通已经长达 200 年"。接下去的内容是，"毋庸置疑，我们可以掌握最新的数据和通信技术……但这些技术创新只为强化业务中核心的客户关系价值，包括信任、亲和力和应变力"。

他们的广告词蕴含的意义很重要。新技术在很大程度上强化了已经发生的事，但不会取代它们。我们所从事的大多数职业在二十年后仍将存在。当然，它们将因新技术而得到增强。例如，每辆卡车驾驶室里都将配备卫星导航系统，卡车仍然会存在，而且数量可能会更多，因为人们坐在自己的办公椅上通过互联网订购所有货物，而不是上街或去购物中心购买。每个电子零售商除了有网站，还必须有仓库和送货系统，每一本下载的电子书的封面上仍然会有作者。水管工和电工可能更多地使用高科技工作。医生、护士还有律师，以及目前的大多数职业仍然存在。厨房可能会非常自动化，以至于可以用手机的编码消息烹调设计好的饭菜，但我猜想人们仍然会出去吃饭，因为越富有就越能享受体验的乐趣。

人们在观看戏剧、旅游、外出就餐或观看足球比赛等体验经济领域的消费，早已超过传统经济。1980 年，约有 2.87 亿人进行国际旅行。到2020 年，预计将有 16 亿人口进行国际旅行，占世界人口的 20%。巧妙的营销会将最普通的活动转化为体验。购物现在已经成为家庭外出活动的借口。航空公司不再只是提供将忙碌的企业高管送达目的地的服务，还为他们提供放松、工作或娱乐的场所。航空公司的广告词会说："来享受与我们一起旅行的美妙体验。"在体验经济中，企业销售的是回忆，而不是商品。在合理的预期下，未来 20 年，人们将拥有更多的可支配收入，体验经济水平有望提升，人们花钱寻求的将不仅仅是物质上的享受。

新技术可能会增强体验经济，但将永远是服务经济中以人为本的组成部分。事实上的趋势是，为体验付出的钱越多，需要参与服务的人就越多。精明的酒店会宣传为每位客人配备足够的服务人员，以满足他们的所有需求。如果科技使社会变得更加富裕，令人感到矛盾的是，可能会有更多的人会与人打交道，而不是更少。服务人员在做服务业一直在做的事情，但比原来的仆人更有尊严，因为现在服务是为了获利，而这对原来的仆人来说是一种责任。一百年前，厨师、司机、清洁工和园丁被归为"家庭佣人"。他们是就业统计数据中规模最大的群体。如今，就业统计中不再有这样的类别，但司机、厨师和清洁工仍然是那些可以通过付费来为你工作的人群，只是现在他们是独立的个体企业，变成了"共享厨师"或"网约车司机"。

随着社会的繁荣，人们往往会重新回归更加有机和环保的生活方式。

手工制造的产品会成为高档商品，采用传统方式生产的产品愈加受到欢迎。手工艺人和新兴艺术家可能会用手机与工作室进行联系，甚至查看股票价格，但他们的工作方式与数百年前相差无几。我猜这种工作方式会延续下去，甚至可能会回到过去。以我们乡村度假别墅加盖的小屋为例。出于对环保的考虑，小屋的墙壁采用麻类植物作材料。与石灰混合之后，麻类植物可以达到极好的隔热、防火效果，还可以起到隔音作用。此外，麻类植物的纹理十分自然，外观漂亮，而且它是土生土长，因此是纯天然的。但是，麻类植物石灰的混合物必须手工填充在房屋木质的支撑物之间，直至其硬化。这是一个非常费力和传统的建筑过程，与都铎王朝在 16 世纪建造木结构房屋的建筑过程非常相似。

有些生产商甚至得出结论，只需通过提供全面的服务体验，而不是直接营销商品，更有可能让消费者打开自己的钱包。先提供个性化服务，再销售产品。惠普提供咨询服务来支持其计算机硬件产品的销售。联合利华正在尝试通过家庭清洁服务来推销其清洁产品。壳牌公司打造了一个实验性的洗衣店，以提高其清洁产品的销售量。现在，厂家会鼓励消费者租赁地毯和汽车，而不是直接购买。同时，人们只要购买空调服务就可以，无须购买空调设备。杰里米·里夫金在《使用时代》一书中提出，未来对于许多物品和资产来说，使用权优于所有权。

信息化时代增添了人们个性化体验的光彩，以至于无论是在屏幕上还是在邮件中，每一条来自其他人的消息都会附上个人的名字。但我们也不能自欺欺人，要想真正实现个性化，就必须有人与人的线下接触。此外，每一次体验背后都必须有一点实实在在的东西。如果没有剧本，戏剧将是一种空洞的体验；如果没有东西可买，购物将收获一种挫败感。事实上，在信息时代，内容为王，知识和思想将提供大部分内容，而这需要依靠个人提供。大象般庞大的组织可能控制着技术，也拥有规模经济和雄厚的财力，但如果没有内容，最终都是毫无价值的。美国在线之前只是一个互联网服务商，直到它收购了时代华纳公司和该公司拥有的所有内容，业务才开始拓展，这些内容需要通过互联网进行传播。内容是创意的具体化体现，而创意则由独立个体或其合作产生。

因此，人才向来都是宝贵的，但将来会更加抢手。企业高薪招聘愈演愈烈，但并非每个有才华的个体都愿意把自己的知识产权卖给大型企业。四名年轻人离开了传统公司，开发了一项创新的互联网业务，却发现需要大量投入资金才能充分发挥其潜力。他们想把业务卖给一家大公司，但遭到拒绝。该公司表示对这项业务并不感兴趣，但希望四位年轻人能够加入企业。公司提出预付给他们 50 万英镑的条件。虽然他们也需要用这笔钱来偿还最初的投资者，但是，这四个年轻人拒绝了企业伸出的橄榄枝，他们认为自由更为宝贵。

有些人可能过度夸大了电子革命的影响力。在互联网泡沫产生的初期，确实存在一些"非理性繁荣"现象。但是，在大约一年的时间里，股市意识到以年销售额乘以增长率来评估企业并不是最佳方式，因为企业最终可能无法实现盈利。美国高科技股的股票市场纳斯达克的综合指数在 1999 年翻了一倍，但随后又有所回落，这似乎预示着美国长期繁荣的终结。只有那些真正提供技术创新的公司才能在竞争中幸存，不过自身也受到了伤害。1999 年，思科是全球最有价值的公司，两年后其股价下跌了 80%。该公司首席执行官在宣布解雇 17% 的员工时表示，"这可能是我们这种规模的行业下降最快的一次。"此外，人们也慢慢意识到，并不是每个人都需要或想要更换手机或笔记本电脑。市场一如既往地走向饱和，新技术也改变不了这种趋势。

2000 年，英国和德国的手机公司争夺第三代移动电话（WAP）的许可证，两国的投标金额都超过 200 亿英镑，这相当于每个用户的入网成本可能为 2000 英镑，还不包括为前期投资所支付的利息。据《经济学人》杂志估计，欧洲的手机公司为推出新手机准备投资约 3000 亿英镑。最终，所有投资都将由手机用户来承担。

大家都已经习惯了现在手机每分钟不到 1 便士的通话费用，那么当走路也可以上网时，人们会不会准备支付更多的钱呢？虽然没有一家企业愿意落后于新技术潮流，但是这种高风险的投资是否值得，只有时间才能证明。虽然手机随时上网看起来很方便，但当所有的新鲜感消失后，它仍然只是一部手机。新技术导致的一个意想不到的结果是，电话成了一种商品，其利润会很低，品牌是什么也无关紧要。

与此同时，我们已经接纳了现有的技术并运用自如。很难相信互联网只有 10 年的历史，谁会想到老奶奶们会上网，乐此不疲地给儿孙们发送电子邮件。她不用担心家人因太忙而感到被打扰，而且邮件几乎都可以得到回复，即使是最懒散的孙辈也不例外。

如今，我的名片上只有电子邮件地址和网址。一些人似乎生活在网络空间，这个词本身在 20 年前并不存在。它是由威廉·吉布森在 1984 年的科幻小说《神经漫游者》中创造的。你可以在盖璞（Gap）服装的官方网站上看自己当模特，穿上你喜欢的衣服，甚至可以从背后看穿着的效果。如果你喜欢网购，网上的商品提供了无限选择的可能性。

在全球的交友网络，人们按自己的意愿来去自由。网恋既刺激又没有风险，不伦的恋情也不会造成伤害。人们可以加入网上的社群而不用害怕被淘汰，成为现实世界中梦想的人物，随意重塑自己的性格。如果愿意的话，你可以在 10 天内过 10 种生活，按需要设计自己的角色。

一位 60 多岁的朋友住在英国小乡村的小屋里，每天都在与世界各地的动物权益保护人士保持联系。她说："人们在电子邮件上沟通会更加坦率。我在世界各地结交了许多朋友。不仅如此，我们还可以在政治家发表讲话时直接向他们表达看法，让人民真正拥有权力。"整个广袤的世界就在指间展现，这是一个令人惊叹的想法，具有革命性，令人耳目一新、振奋不已；但是，一旦最初的兴奋过去，我们真的愿意承担起这个机会所带来的责任和工作负担吗？

各类组织都发现，互联网并不仅仅是一种新的交流方式。企业可以在网上发出投标邀请；网站也是员工的即时信息发布平台；客户可以在网站上随时订货，可以以自己的好恶选择商品。理论上，互联网降低了所有涉及信息的每个业务流程的成本，无论是计划、广告、账务处理、订货还是交货日期设置。企业不必面面俱到，这些业务可以被虚拟地整合起来，通过新的互联网的连接。人们说企业与企业之间通过互联网进行产品、服务及信息的交换（B2B）业务，是互联网的真正未来，它将改变我们的企业。像甲骨文和通用电气这样的公司认为，B2B 业务在两年内使企业节省了高达 10% 的成本。然而，我想知道，它们是否低估了苏菲格言中提到的达到"共赢"的成本，因为出价最低的中标者并不总是最好的合作伙伴。

不太好的消息

目前只是电子革命的初期阶段。人类发明电力后大约花了 30 年才完全展现其影响力。迄今为止，电子革命已经孕育出许多新产品和一些提高效率的工具，但带来的并非都是好消息。首先，电子邮件泛滥成灾！一家美国咨询公司发现，公司的许多高管每天要收 150 封电子邮件和 100 多封语音邮件。每天收到 300 封电子邮件司空见惯，大多数收件人都想亲自浏览，即使这需要他们每天花费一个小时的时间。要是外出一周后回来，就会有 1000 封邮件等待着你。难怪这么多人会把笔记本电脑带到海滩上。像硅谷所说的"骆驼式睡眠"[⊖]的人越来越多，他们只在周末睡觉。

据欧盟委员会统计，每年垃圾邮件（未经用户允许发送的电子邮件）给互联网用户造成 60 亿英镑的损失，其中大部分是时间上的浪费。一位高管抱怨说："我们的员工已经停止思考了，他们都忙于回复邮件了。"秘书们可能正在从高管的办公室里消失，取而代之的是一种新型的信息守门人，但即使是它们也无法阻止这些阴险的入侵者。几天前，我的电脑遭受了病毒的攻击，导致通讯录和半篇论文丢失。病毒邮件通过了我和电脑防火墙的筛选，似乎还要求立即回复。恰巧，有朋友给我打电话，询问前一天发给我的电子邮件是否已经回复，因为他们还没有收到任何回复。我着急回复邮件，结果电脑中了病毒。

英国社区商业组织的大卫·格雷森（David Grayson）简洁地总结了变革的步伐。1949 年的全球贸易交易量、1979 年所有的外汇交易额以及 1984 年全世界所有的通话量，现在都在一天之内完成。有时候，我们会感觉一年就像一天。我常常想大声呼吁，让数字世界的节奏放慢，或者至少暂时停下来让人们喘口气。

然而，速度和数量都不能成为质量或真实性的保证。互联网屏蔽了人们的年龄和性别，这在道理上说得通。但如果你不知道谁在对面打字或说话，他所说内容的真实性就会引起怀疑。我的朋友想查询一个关于死亡的医学定义，他没有查字典，而是在网上发了个帖子。他说："太神奇了，一

⊖ 平时长期熬夜，等休息日再集中"恶补"睡眠。——译者注

个小时内我收到了十个回复。"我问道："它们都一样吗？"他回答："不，当然不一样，这是一个棘手的问题。"我又问道："既然你对回答者一无所知，怎么知道哪个是最好的答案？"实际结果是，这个问题没有人能给出答案。

更加可怕的是，互联网可以成为恋童癖的游乐场。在英国，一名47岁的男子因与一个13岁的女孩发生性关系而被判有罪，他们最初是在互联网上通信的，直到女孩同意与他见面，男子才透露了自己的年龄。在金融界，任何人现在都可以声称自己拥有公司内幕信息，并可以通过炒高股价以迅速获利，美国人称之为"哄抬抛售"。2000年2月，一家名为科堡集团（Coburg Group）的英国小型咖啡烘焙公司，其股票当时的市值为250万英镑，有关其即将推出互联网业务的传闻使其股价增长了7倍。当公司董事会否认这一传闻后，股价应声回落，但此时那些炒作者可能已经获利出逃了。

在购买商品时，人们通常可以在商品名录中浏览和了解商品，但无法亲身体验商品的触感、气味或味道。比如，我购买牛油果之前，总会先按压一下，以确定水果的成熟度。但如果我通过网购，就只能相信商家的说明了。似乎人们更倾向于相信品牌而不是个人，因为我们无法充分了解个人。

欧洲人喜欢手机，因为至少在电话那头有个真实的人。手机的出现标志着人们沟通方式的改变，手机属于个人，而不是某个特定的地方。摩托罗拉理想中的世界是每个孩子出生时都有自己的名字和电话号码，这并不遥远。我侄女四周大的女儿已经拥有一个电子邮件地址，只要她能开口说话，也会有自己的电话号码。

如今，手机的普及让我们在街上也能轻松地发送和接收电子邮件，或者随时上网。但是，企业有必要知道员工的具体位置吗？如果不知道员工在哪里或者在做什么，企业如何控制他们呢？过去，办公室就像是为那些向企业出卖时间的员工设立的马厩，但现在马儿都分散在各处，恐怕没有足够的牛仔能够在企业需要时及时将它们赶回来。

学校理论上不再需要每天都让学生来校上课，而是通过互联网进行教学。可以想象，政府会被虚拟学校所节省的开支所吸引。学生们可以用容量为 15 万页内容的电子书携带所有需要的教科书。但是并非所有的青少年都像开放大学中积极的学习者一样，具备自律和组织能力。过去，当孩子们安全地进入学校的大门时，疲惫的父母就能松一口气。未来，我们是否会看到线上取代学校线下点名？这是否是一件好事？

在这个新世界中，财产也变得令人困惑。思想、信息和智力成为财富的新源泉，但这是一种与众不同的财富。与土地或现金等资产不同，即使将所知道的一切知识倾囊相授，我们仍然拥有这些知识。智力资产同样令人难以确定，它们无法转赠或分销，也无法征税，因为不能对无法衡量价值的东西征税。有时我们希望每个人都知道自己的想法，但有时又想要保留自己的创意。然而，如果没有将创意形成实物，又如何申请专利呢？

因此，要拥有自己的产品将变得越来越困难。对此，律师们会感到欣喜，产权纠纷的官司无疑会给他们带来丰厚的利润。然而，重要的是获取而不是拥有。某种程度上，无主财产的世界可能会推动经济的增长，因为它将为那些一无所有的人提供咸鱼翻身的机会。近期，美国已经批准对基因进行专利申请。这意味着持有基因专利的公司或组织，可以向任何想要使用基因进行研究或开发新疗法的人收取费用。它们将声称自己发现了这些知识，并以此收取费用。如果这项法律得以持续，这将会模糊发现和发明之间的界限。这些基因并非被发明出来，它们一直都存在，只是尚未被分离出来或独立命名。

迄今为止，专利只会授给发明。幸运的是，最早发现茶叶的人从未考虑过对茶树的叶子申请专利。如果这样做了，世界上的饮茶者会大大减少，因为所有的茶叶种植者都将不得不支付专利费。如果当今世界允许对新发现的自然元素，无论是基因还是植物，提出所有权的主张，那么无主财产的世界愿景将会是镜花水月。一些人会因此变得富有，但整个世界会变得更加贫穷。

有些人渴望着，充满免费信息和知识的世界将给所有人带来平等的机会。我们不能通过收费来扼杀这种可能性的发展。自由主义者的梦想可能会实现，也有可能永远破灭，这取决于我们如何看待知识的性质。如果知识可以免费获取，印度的村民就可以像加利福尼亚州富人区的富人一样，轻松地进入外面的世界。当任何人都可以进入由汽车等企业联盟建立的购物中心，比较不同大公司和其他公司的产品时，垄断就会被打破。知识可以源源不断地惠及穷人和富人，无论距离有多远。全民教育会成为一种真正的可能。

但是，一些人却担心，新的信息资源会像以往的财富来源一样，将富人和穷人区分开。即使新知识是免费的，但只有富有的组织才能负担得起在网站上购买作为组织网站入口的门户。两年前，当我在网景（Netscape）网站上想搜索一些财经资讯时，首先看到的是花旗银行推荐的一系列产品。因为我很懒，所以没再浏览别的网页了。有人说，花旗银行为了击败竞争对手，付了4000万美元买断了网站首页的广告位置。

有一些专家认为，在不久的将来，仅有30家公司将占据80%的在线商业市场。此举将导致富人瓜分大部分商机。正如历史上在武装或技术革命中一直发生的情况一样，新世界的富人可能与旧时代的有所不同，需要一两代人的时间，新世界的富人才能开始承担自己的贵族义务，或者更确切地说，富人义务，即尽力帮助新时代的贫困者。

有人也担心，当人们把浏览记录、网络言论及财务信息放入网络空间时，个人隐私权也许会像空中楼阁一样虚无缥缈。如果你想将个人信息保密，就不得不使用昂贵复杂的加密技术，而这对于普通人来说是困难的。然而，另一些人担心，在这种加密技术的背后，可能会不知不觉地滋生各种邪恶团伙。

即使没有加密技术，不可思议的团伙也可能突然冒出来。2000 年夏末，由卡车司机和农民组成的一个令人难以置信的团伙，通过封锁石油码头，使英国在三天内陷入了瘫痪。政府找不到任何可以进行谈判的组织，从而陷入了困境。同年早些时候，在西雅图，针对世界贸易组织和全球化的抗议活动也是在互联网上计划和煽动的，抗议者形成了一个没有明确领袖的团伙。这是否意味着民主正在从议会和国会转移到互联网和街头？如果是这样，那将使政府治理变得比现在更加困难。政治家们将不得不应对网络上的一群跳蚤般的个体，而不是像过去那样，可以面对固执的大象般的工会组织，至少知道他们是谁和身在何处。

因此，新的电子世界带来的变化喜忧参半。许多事情变得更快，也更便宜，同时也会有一些意想不到的副作用。然而，新技术就像食物，不能仅仅因为它与众不同，或者不喜欢它的味道而放弃。我们必须学会接受不可避免的变化，既不能视而不见，也不能过分迷恋，就像一直以来人们所做的那样。人们终将适应新的世界，生活、爱情和欢笑将继续下去，即使人们使用的设备比过去更加奇特和数字化。春天的气息依然会美好，也许会更加美好，因为数字化对环境造成的破坏比混乱的钢铁或汽车制造业要小。而莎士比亚的戏剧依然会在人群中引起共鸣，因为它们与爱情、嫉妒、野心、贪婪、骄傲、同情、死亡和生命的意义息息相关，这些人性的特点永远不会消失。

新经济的真谛

人们很容易将新技术视为肤浅的东西，却又被它所承诺的诱惑所吸引。然而，真相却介于两者之间。即使有了电脑的帮助，许多类型的工作将依旧存在，但也有一些工作会一去不复返。同时，许多新的工作也会被创造出来。城镇规划师、建筑师和设计师可能会使用电脑将想法转化为可在电脑上操作的数字模型。即使过了 20 年，这些职业仍然会存在，只是可能人们会用更光鲜的名称来称呼它们。一位年轻女士告诉我："我曾经在建筑行业打拼，但现在我自称空间治疗师。"

更重要的是，人们已经获得了一种全新的沟通方式，用来获取和交换各种信息。这种新兴的沟通方式不仅仅是一系列潜在影响的开端，更可能极大地改变人们的工作方式。从这个意义上说，互联网可能会像一些人所炒作的那样，成为那些永久改变世界的"颠覆性技术"之一。它已经带来了第一个变化，即整个行业将重新洗牌，这往往会给行业中的企业带来灾难性的后果。对于某些企业来说，这是一个坏消息，但对另一些企业来说，却可能是一个良机。虽然在混乱中很难发现机会，但创造力却往往诞生于混乱之中。

整个行业的中间环节正在消失。与我关系最密切的行业——出版业，就是一个例子。目前，我作为作者与读者之间存在着一条很长的流程链和组织链。通常还有经纪人和出版商参与其中。出版商对书稿编辑后，会请设计师设计封面，并请印刷商来印刷图书。制作好的书籍随后送到经销商或批发商的仓库，然后再转运到书店，希望能够吸引读者购买并阅读。

在书的传播链中，除了首端与末端的作者和读者，其他环节都面临着变革。现在，作者和读者之间的连接有许多选择。人们可以选择放弃实体书店，就像亚马逊和其他类似企业所做的那样。出版商也可以选择跳过图书批发商和实体或虚拟书店，直接出版电子书。

或者，作为作者，我也可以鼓足勇气绕过这些渠道，将我的文字放在网上供所有人付费下载。更进一步说，没有什么能阻止其他人写上自己的评论并在网上传播，就像中世纪手抄本在流传时也被人们添加注释一样。再或者，就像在高科技世界中，Linux 计算机系统的开发方式一样，书籍可以供大家免费阅读。如果如此，谁拥有最终的图书版权呢？或者，就像 Linux 一样，如果有人愿意阅读，那么图书是否必须是免费的？那么，我该如何得到报酬呢？

这种现象被赋予了令人感慨的名称——去中介化，它使整个行业中的中间环节消失，让新进入者填补这部分空白。当某种事物获得了这样的术语时，你至少可以确定它正在发生。任何电子化的业务现在都容易出现去中介化。旅行社作为旅行者和旅游目的地之间的中介，现在已经不是游客的必然选择，人们可以通过点击鼠标获取旅行社原来所掌握的所有信息。人们可能不再需要报纸和新闻报道，这在美国已经是许多人的选择，可以随时在网上，甚至是手机上，定制自己喜欢的新闻。

整个电视行业也将面临挑战，未来将有 200 个以上的频道供用户选择。此外，个人视频录像机（PVR）也将能够存储数百小时用户最喜欢的节目，用户可以在任何时间观看，并且可以选择是否插播广告。环球影视网络（Universal Studios Networks）的托尼·加兰（Tony Garland）称之为"预约观看"。这意味着，电视频道可能需要向用户支付观看广告的费用。比如说，一部没有广告的电影收费 2 英镑，而包含广告的电影只收费 50 便士。这种颠覆式的商业模式，对于行业中的一些人来说可能很难理解。

其他行业也会面临同样的问题。对大象般的企业而言，面临的挑战是如何快速适应与已经习惯并取得成功的世界截然不同的世界。长期以来保持的习惯带来利益的同时，放弃它们也会变得十分困难。每个企业都必须重新审视其潜在的商业理念，审视它们是否仍然适合企业的发展，企业是否仍然能够用过去的方式获得利润。

音乐产业是另一个例子。CD 作为录音室和听众之间的中间产品，将不再有市场，任何人都可以从网上通过努特拉（Gnuttella）程序，或与其相关的免费软件将乐曲下载到自己的收藏夹，并直接与不曾谋面的网友交换音乐收藏。这类做法现在被统称为点对点传播（P2P，peer-to-peer）技术。

点对点传播技术可能又是一个颠覆性技术，会摧毁更多的行业。世界自由通话（free world dial-Up）项目将全球各地的私人电话连接起来。人们在本地用电话拨号，系统通过互联网将本地呼叫传输到另一个国家，然后用当地的网络呼叫被叫号码，用户将以双方本地电话的费用拨打国际电话，甚至在某些国家，双方的本地电话可能都是免费的。那么，电信公司又该如何盈利呢？

中间环节的消失仍在继续。如今可以直接通过电脑或手机买卖股票，因此不再需要股票经纪人。拍卖行将像证券交易所一样，拍卖交易将转移到线上。如果人们发现可以上网描述病情，得到权威的诊断变得更加容易，甚至可以得到处方或进行医院各项检查的预约，那么可能意味着不再需要线下的坐诊医生。

政客们将会发现，在更强大的地方议会和日趋重要的地区经济集团之间，国家议会被逐渐排挤出局。当这种情况发生时，他们会对国家主权的丧失大声抗议，在新技术推动一切变得更加本地化和全球化的过程中，去中介化是无意中产生的、不可避免的结果之一，中间环节在这个过程中消失了。

最有趣也最重要的是，正在消失的中间体系很可能是银行。智能储值卡正在创造私人流通货币的形式。许多公司运营的信贷计划比银行更便宜、更好。有人说，福特公司实际上是一家穿着汽车外衣的银行，福特汽车的金融业务，有时可能会是企业用特价汽车作为诱导客户进行汽车信贷的手段。私人清算系统也开始运行，正如大卫·豪厄尔（David Howell）在他的书《现在的优势》（*The Edge of Now*）中指出的那样，为银行间交易结算而建立的央行储备金制度可以取消了。经济会失控吗？也许现在木已成舟，伦敦金融市场上每天交易的货币数量是英国一年商品和服务总量的30倍，央行任何企图控制汇率的做法已经毫无意义。各国央行除了召开决定利率水平的定期会议外，还会有其他作用吗？

从根本上来看，几乎每个人都可以被认为是源头和最终客户之间的中间人。在未来二十年中，几乎每份工作都可能成为逐渐消失的中间环节。随着世界变得所有信息都在人们的指尖，计算机辅助着我们自己动手做事，其可能性是无限的。现在，人们可以在网上购买汽车，在拍卖网站上卖掉旧车，而不需要去经销商那里交易。那么，为什么还需要经销商呢？

究其原因，经过处理的信息才能成为有用的知识，而未经处理的信息只是数据而已。这种转化需要分析、背景理解和相关领域的技术支持，都需要耗费时间和精力。然而，大多数人都没有足够的时间和意愿在生活中的各个领域进行自我学习。因此，许多行业仍然需要中间环节的存在，尽管形式可能会有所不同。导游、翻译人员和教师等即将取代传统的交付机构，他们可能是个人，也可能组成小型公司，主要通过线上运营来满足客户的需求，调整数据的丰富性。虽然仍然存在中间环节的工作，但其形式会发生变化。根据以往的经验分析，这些工作将由不同的个人和组织来完成。

更广泛地来看，传统行业中的中间环节消失将为新模式的出现创造机会。然而，大多数从事传统行业的人很难迅速适应即将发生的变化，这为新进入者留下了巨大的空间。因为必须站在行业之外，才能看到如何重构这个行业。填补行业空白的新进入者往往来自行业之外，并且直到他们真正进入行业才会被现有行业从业者注意到。当现有的从业者继续沿着自己习惯的路线前进时，新进的从业者会走不寻常的路，令现有的从业者措手不及。

大英百科全书公司的管理层一直坚信，人们会永远希望拥有一套价值几千英镑、装帧精美的大部头书籍来装点客厅的书架。然而，他们眼睁睁地看着公司收入下降，首先，格罗利尔百科全书（*Grolier Encyclopaedia*）以 385 美元的价格发布了光盘版本，接着，在 1993 年，微软百科全书（*Microsoft Encarta*）推出了售价为 100 美元的多媒体版本。仅仅不到一年的时间，大英百科全书公司就崩盘了，业务被出售，后来，被收购者重新打造成含有付费广告的免费在线信息服务平台，但原来的品牌价值大打折扣。外界观察者事后分析，大英百科全书公司的问题显而易见，但盖棺定论只对写讣告的人有用。对于大象般的企业来说，需要跳蚤般的个体帮助它们及时看到显而易见的事实。

随着人们对日益虚拟化和去物质化的世界逐渐适应，社会和商业中去中介化的现象也在出现。国界将逐渐消失，失去其重要性，同时国家议会也将在这个更虚拟的世界中逐渐消亡。当我从电脑上下载了资料后，我根本不知道它来自哪个国家。与我合作的出版商在合同中约定的地区版权条款又有何意义？希特勒的《我的奋斗》一书在德国被列为禁书，但德国人却可以从亚马逊网站上购买。2001 年，我可能是英国 40% 家用电脑拥有者中的一员，但 20 年后，人们甚至不再称这些设备为电脑，只需通过触摸或语音即可操作挂在墙上的屏幕。很多商品的买卖都将通过屏幕进行，谁又能追踪或计算商品交易的情况呢？

实际上，我的部分收入已经被转变为非物质或虚拟形式。它们以"权利"的形式存在，由其他国家的出版商通过支付版税来出版我撰写的书籍。除非我自己通知国内税务局或海关与消费局，否则没有人会知道这部分收入。虽然金额相对较小，我仍愿意诚实申报所有收入。但我也能理解，如果金额较大，可能会出现不申报的情况。国家的税务机构将越来越依赖公民的诚信收取税款。

一直以来，所得税都是最容易征收的税种，因为雇主组织会从源头上予以代扣代缴。随着越来越多的工作外包给小型组织，或作为独立承包商工作的个人，这种免费的征收机构将不再那么有用。像意大利这样的国家，试图逐渐从对看不见的收入征税转向对可见且可计量的东西征税，最好是房屋之类的不动产。但是财产税有其限制，而增值税等销售税是累退税，对穷人的征收力度比对富人更大，并且不可避免地会推高通货膨胀，对所有人都不利。

政客们越来越善于发现新的"隐形税"，即开始没人注意到的税，但他们必须变得更聪明，也许通过对货币流动征税来实现。但这将需要国际协议，以确保所有国家在税收水平上达成一致，正如政府对外宣传的那样，要创造公平的竞争环境。换句话说，各国之间更多的税收协调可能是不可避免的。政客们将不得不找到更多方法使人们接受纳税，可能通过"指定用途"等词来命名税种，意味着税收将与特定用途挂钩。所得税将被分解为医疗税、教育税、警务税、国防税等。政府并不喜欢指定用途，这会束缚政客的手脚，迫使他们更加公开地说明如何使用纳税人的钱，但这可能是既让纳税人缴税，又不需要建立高成本且侵犯纳税人隐私的电子信息系统来监测纳税人收入的唯一方式。

我并不是说要改革税收制度，只是想用其面临的困境来说明未来的世界里，社会和商业将会变得更加个性化。我们将越来越多地成为像跳蚤般的个体，政府官僚机构的控制将越来越少。如果我们不自愿合作，社会可能会开始解体。我相信，人们更愿意为当地而不是为国家做出贡献；更有可能为认为是自己归属的组织或机构做出贡献，而不是为不可理解、目的不明的官僚机构做出贡献。

随着去中介化现象的出现，工作岗位也发生了变化。在英国，仅有不到一半的人在各类组织中拥有全职的固定工作，这一事实提醒着我们，周围正在发生的变化的规模和程度。即使这些变化还没有影响到个人，也应该引起我们的关注。

当我毕业后加入壳牌公司时，我感到非常幸运能够获得一份工作，更不用说是在一个业务遍布全球、声誉卓著的企业里工作。我给父母写信说，"我的生活问题解决了"。意思是壳牌公司将负责我的培训和个人发展，把我安排在能够发挥最大作用和学到宝贵经验的职位，合理照顾我的经济需求和未来家庭的需要，并为我规划好职业生涯。我可能不应该完全相信企业招聘手册上的内容，但这绝对是企业想要做的事。我曾经遇到的每个壳牌公司的员工都一直在公司工作，从未考虑过跳槽。回想起来，我现在感到惊讶，当初居然如此愿意，甚至渴望把自己的前途托付给一个只见过几个不重要的人的企业。

壳牌公司所提供的职业发展已经烟消云散。组织不会再提供这种职业发展，个人也不再期望获得这种职业发展。在后工业社会，工作正在重新加速改造。"就业能力"意味着"像独立个体一样思考"，许多员工也是这样理解的。"灵活性"意味着没有人能长期保证任何事情从一而终。如今，就职场而言，忠诚首先是对自己和自己的未来，其次是对自己的团队或项目，最后才是对组织。如今与大象般的企业共事的人认为自己是新一代的专业人士，类似于旧职业体系中的建筑师、律师和教师，他们的服务不局限于目前所在的组织。社会学家会称他们为"国际人"而不是"本地人"。在欧洲和美国，对 MBA 学位的新热情日渐高涨，尽管课程的类型和质量各异，但都符合将商业和管理新定义为一个准职业的趋势。

此外，新的工作，即使是那些与大型机构有关的少数长期固定的工作，也无法保证让我们享有像我们的父母一样的退休生活。新的职业，即使仍然存在也变得更短暂。例如，在法国，只有 38% 的 55 至 64 岁的男性有工作收入，而这个比例在整个欧洲都在下降。对于大多数人来说，真正的工作将在 55 岁时结束，幸运的话，以后还有 30 年的寿命。目前，无论是国家还是私人的养老金计划，都无法为人们退休后的日子提供舒适的生活。残酷而美好的事实是，人们在真正的工作结束后将不得不继续工作，但这种工作将是零散的，是不同工作的集合或"工作组合"，而不是原来真正的工作的延续。这种工作将有助于人们保持健康，为人们提供人生价值，并且不会给下一代人造成负担，因为他们将无法负担我们所谓的退休生活。退休这个词可能有一天会销声匿迹。

不过，矛盾的是，如今的企业开始担心外部的生活对于那些热爱自由和独立的人来说变得吸引力过大，以至于企业面临失去最优秀和最具创新力的人才的实际风险。企业并非打算让灵活性发展到这个程度。一家大型跨国公司的董事长私下向我透露："令人担忧的是，我无法看到那些雄心勃勃的年轻人会想要来我的企业工作，即使来了也不会长期留任。我最重要的任务就是尽快改变这种情况。"

为了留住最优秀的员工，企业开始提供具有吸引力的发展机会。例如，企业意识到，分阶段休假是最有才华的员工们所期望的福利。最近，我的两位朋友结婚了，他们都在各自充满挑战的企业中从事高强度的工作。夫妻二人决定利用结婚的第一年环游世界。他们告诉我，他们准备卖掉公寓，离开工作岗位飞往世界各地，没有旅游攻略，只带着一张不限期的环球机票。

"你们很勇敢，"我说道，"在职业生涯的这个阶段离开岗位。"

"哦，没关系，"他们告诉我说，"我们俩的企业都承诺，当我们回来时，会回到原来的岗位，工龄也不会受影响。"

未来，生活和工作的阶段特征将变得更加明显。紧张和高要求的工作将与休假交替进行，一部分休假费用由机构支付，而另一部分则需要个人自己支付。我在伦敦商学院斯隆项目工作时，只有 20 名学生，学院支付教师的休假费用。如今，学生人数扩大了两倍，学费增加了五倍，但有超过一半的教师需要个人承担休假费用。最初的学生都是男性，但现在，学生中有三分之一是女性，三分之二是男性，男女比例已经开始接近平衡。随着男性和女性生活变得越来越相似，信息和服务领域的工作吸引着越来越多的女性。因此，现在有更多的男性有时间去照顾孩子或做饭，无论他们是否愿意。

更大的变化是，手机、电脑和互联网正在改变人们的工作方式和工作地点。因此，企业现在正在讨论谁会真正需要固定的办公室。企业意识到，办公室作为每周可使用 168 个小时的资产，需要投入大量资金，但通常只会被使用 12 个小时或更少的时间，有时甚至只用于收发邮件。比尔·盖茨曾预测，到 2050 年，将有 50% 的工作人口在家工作。令人惊讶的是，早在 2000 年，英国就业部的一项调查就发现，23% 的英国人一周已经有几天在家工作，还有 38% 的人愿意这样做。更令人惊讶的是，大多数人认为自己的老板会很高兴他们能这样做。未来的工作方式可能比人们设想的更早到来，比尔·盖茨的预测很可能早在 2050 年之前就会实现。

因此，如果足够幸运拥有办公室，人们将可以看到更多新型的俱乐部式的办公室，而不是一堆格子间式的工位。俱乐部是只允许会员及其客人进入的地方，俱乐部式办公室的房间按照功能（如用餐、开会、阅读等）划分，并向所有员工开放，而不是分配给个人。你可以预订一个私人房间，在特定的时间用于办公，但在俱乐部式的办公室里，除非是秘书或项目经理，否则不能在门上放置自己的名牌。

组织成员将使用俱乐部式的办公室进行会议、网络交流或某种形式的个人工作，但没有空间来摆放自己的个人物品，因为这么做的成本实在太高。越来越多的人会像教师一样生活，大部分时间都与客户在一起，在家里做准备工作和写报告。俱乐部式的办公室是网络的中心，这个网络将包括独立工作者和企业员工。事实上，在项目制的团队中，固定与临时员工很难区分。所有人都将成为暂时加入俱乐部的会员。

人们可能会抱怨个人空间的丧失，但很快就能适应新的工作方式。在许多企业中，尊重自由和独立工作的需求已成为常态。作为对丧失个人空间的补偿，人们可以期待企业通过投资，使俱乐部式的办公环境更加舒适、吸引人，甚至更加豪华，提供分享美食、运动，甚至过夜住宿的场所。这意味着商业建筑的用途将逐渐改变，城市的天际线也将随之改变。许多过去的办公室如今已经不再被需要，正被改建为市区居民的公寓。

工厂仍然存在，但许多重复性工作很快就会消失，这要归功于自动化技术的发展。然而，从装配线上下岗的工人可能很快会去呼叫中心或 24 小时超市工作。这些工作既枯燥无味，也缺乏个人成长的机会，它们只是达到目的的手段，从来不应该成为人们生活的重心。因此，兼职或轮班工作很受欢迎，因为它为人们留出了时间去发展其他兴趣爱好，工作只是丰富多彩的活动组合中的一部分。令许多男性感到惊讶的是，调查数据显示，兼职工作更受女性喜爱。对她们来说，工作并不总是生活的重点。

我们看到了独立的创业者或炼金术士的崛起，他们希望从无到有地创造出一些事物。第一周二（The First Tuesday）作为自发的组织，在欧洲大约 30 个城市举行了未来企业家的网络会议，是创业新热潮的早期表现，激起了 20 多岁的年轻人的创业热情。最初的狂热被早期互联网公司的崩溃冲淡，但在英国，化学作用公司（Chemistry）产生了同样的想法，定期将企业家和风险投资家聚集在一起，企业发现会议通常会吸引超过 100 名潜在的和正在创业的炼金术士。

当我们脱离了员工雇用的 20 世纪后，人们将会面对怎样的未来？更多色彩的工作画布将为更多人提供更多选择，但同时也意味着人们将承担更多责任。就像帕金森（Parkinson）⊖曾经观察到并描述的那样，工作已经延伸至所有可能的空间，但工作的多样性令人惊讶，并非所有工作都是有偿的。旧时的庞大组织仍然存在，但现在要更加灵活，并且被许多独立的供应商、分包商、顾问、咨询师和新兴企业所包围。要关注组织内部，个人被鼓励为自己的未来负责，发展自己的特殊能力，并向项目和团队领导者推销自己。在这样的世界中，无论是在组织内部还是外部，作为独立的个体都需要思考和行动起来。乍一看，这似乎是大型企业的世界，但令人惊

⊖ 著名的社会理论家，曾仔细观察并有趣地描述层级组织中冗员累积的现象。——译者注

讶的是，独立的个体也可能会成为人生赢家。

在本书的第三部分，我将描述从自己如何应对近 30 年来经历的各种组织，到成为一个独立个体的经历。随着人们进入更加灵活的世界，几乎每个人都需要做出这种转变。像我一样接受过学校教育的人，会发现为自己的事业承担责任是一种挑战。最优秀的人会享受自由和机会，而其他人则会发现组织之外的生活是艰难和残酷的。他们将像我一样，学习如何进行自我推销和表现自我价值，如何安排自己的学习，以及如何平衡自己的生活。目前还没有学校能教授这些技能，只有艰苦的经历和其他人的教训可以借鉴。

Chapter 6

第六章

预测未来的最佳方式就是创造未来

　　我曾经常常将资本主义视为一个负面的词，然而有一天我意识到自己正是在这个体系中谋生。在英国等许多国家，大多数人并不认为自己是资本家，但无论我们在何处生活和工作，实际上很多人都在潜移默化中被资本主义所蕴含的价值观影响。当我展望未来时，无法忽视它的潜在后果。

　　美国一位社会历史学家认为，每个社会都会出现自由民主主义和自由市场资本主义的结合，他称之为历史的终结。他本人对最终的结果不持乐观态度。例如，他指出民主政府总是希望尽力满足人民的需求以求连任，即使这并不符合自身的长期利益。他将未来社会的民众描述为躺在阳光下等待被人挠痒痒的狗，这种政治现象今天被称为焦点小组政治[⊖]。

　　⊖　每次美国重要选举前，各个民调机构总会在全国范围内组织许多所谓的"焦点小组"（focus group），询问选民的投票偏好和对时下政治议题和氛围的看法，用来预判选举结果和解释其成因。——译者注

我不认同这位社会历史学家关于民主或资本主义的历史必然性的判断。其危险之处在于，资本主义体制的缺陷可能导致其自毁前程，使人们陷入更糟糕的境地。由于资本主义似乎会产生不平等，我曾担心民主会摧毁资本主义，使社会回到专政或贫困的独裁统治时代。但现在我担心资本主义可能会使民主政治变得多余，因为人们发现市场会给予他们比选举更多的权力。20 年后，我们应该就会知道结果如何。希望在此之前，人们能够弥补资本主义自身的不足，尽管我对此并不乐观。

我对资本主义形成的认知，在很大程度上来自我在三个非常不同的地方的经历——新加坡、美国和印度的喀拉拉邦，当然还有英国和欧洲。我意识到，资本主义在世界各地的模式并不相同。问题在于这些差异是否会保持下去，还是说会出现以美国为代表的资本主义模式变得过于强大，以至于压倒其他模式的情况。如果是这样，这会让世界上的穷人变得更富裕还是更贫穷？这会压制我们的个性，扭曲我们的价值观和对事务重要性的排序，还是会如一些人所相信的那样，这会是通往自由的唯一路径？社会仍然对法式三位一体的美德⊖缺乏理解，是否能够调和自由和平等的关系？需要以博爱作为理解美德的桥梁吗？我一生生活和工作在各种资本主义的氛围中，但对这些关键问题仍然没有明确的答案。

新加坡

我第一次遇到一种非常英国式的资本主义模式是在 45 年前的新加坡。

⊖ 自由、平等、博爱是 18 世纪资产阶级法国大革命时期提出的政治口号，目的在于联合城市平民和农民，推翻封建专制制度，实现资产阶级统治，是资产阶级政治和经济要求的反映。——译者注

在马来西亚的壳牌公司工作的第一年，一天，我收到了一条消息，要求我前往新加坡总部报到，说是总经理想见我。当然，对方并没有透露为什么要我回总部——无论是当时还是现在的组织，都会培养一种不必要的神秘感。当我到达总部时，心里想着自己到底哪方面工作出现了纰漏，总经理却告诉我伦敦要求为新加坡公司任命一名经济学家。"我希望你来做这个工作，即刻开始。"他说。

"但我不是经济学家，我主修的是拉丁语和希腊语。"

"但你获得过学位，对吗？"

"是的。"

"那就没问题了。"

随后他结束了谈话。

我去市中心买了一本黄色封面的《自学经济学》(*Teach Yourself Economics*)的小册子并开始阅读。我发现，学位不是资格证明，而是学习的敲门砖。接下来的一个星期，帕金森教授——著名的帕金森定律[⊖]的提出者，当时在新加坡一所新开办的大学任教，邀请壳牌公司派人参加他主办的关于石油的未来的研讨会。有人对我说："你是经济学家，你去。"我发现，学习的最好方法就是教。我常常觉得这对学生来说不是什么好事，但从那以后，我发现这是拓展自己思维的好方法。

我很快发现，壳牌公司为了更加专业地进行市场预测，设立了经济学家这个职位。当时是1956年，集团开始摒弃基于过去市场趋势进行预测的方法，它们希望根据国内生产总值按地区进行市场细分（我从黄色封面的小册子中了解到GDP的概念）。然而，新加坡仍然是英国的殖民地。虽然

⊖ 官僚主义或官僚主义现象的别称，被称为20世纪西方文化三大发现之一，也可称之为"官场病""组织麻痹病"或者"大企业病"。——译者注

有大量关于新加坡人口、职业、生产和贸易商品的统计数据，但从未有人对其进行货币化的量化，并尝试计算经济总产出。我将尽力完成这项任务。

我不认为自己在这方面做得很好，但我在其中学到了很多关于财富和财富创造的知识。我意识到，这并不是当时新加坡的殖民管理者特别关注的主题，行政、法律和国防才是他们的首要任务。新加坡最重要的工作是计划和控制，而不是调动企业或个人的能动性。

新加坡是一个经营良好的贸易中心，虽然没有制造业，但是有许多佣人和小业主。除了外籍人士，其他人的生活水平相对较低。我对新加坡经济增长的前景并不乐观，我认为它与马来西亚合作可能是最好的选择。在我看来，财富的创造取决于投资、有进取心且技术熟练的劳动力，以及政府在基础设施和高等教育方面的投入。然而，当时殖民的英国人似乎并不关注这些问题。

我于1961年离开，30年后才再次回到新加坡。当时，飞机上的每个人都收到了一本宣传册，封面是新加坡最繁华的乌节路的照片，它恰如我旧时记忆中的样子。接着，我注意到宣传册的标题是"一如往昔的新加坡"。当你30年后重返世界上大多数城市时，会发现它们仍然与过去十分相似，只是增加了一些新建筑，改变了某些地方的天际线。然而，我现在已经找不到新加坡原来的样子。除了大教堂和板球俱乐部这些久远的殖民时期建筑，其他所有的旧地标都不复存在。我认为，现在的新加坡人比英国人更富有，国家经济水平增长得更快。尽管新加坡没有什么自然资源，但其经济水平已经超过了英国，人口规模与爱尔兰或新西兰相当。

新加坡最初加入马来西亚联邦，但很快决定独立。当时，新加坡总理李光耀意识到，如果留在联邦中，新加坡将受到其他州的压制。他在回忆录中记录，宣布独立后的那个晚上，他对自己的决定感到担忧，几乎彻夜未眠。当时这个小岛一无所有，甚至没有自己的水源，仍然要通过管道从马来西亚内陆取水。然而，李光耀将国家的未来寄托在对人民能力的信任上，现在我们称之为潜在的智力资产。

李光耀冒险所做出的决定是正确的。在短短一代人的时间里，新加坡实现了从无到有的财富创造，变成了能够与第一世界国家竞争的国家，甚至在生产力方面超过了一些第一世界国家，处于领先地位。

这就是统计数据所呈现的事实。然而，我不禁思考，生活是否一定会因此更美好？新加坡的许多地方仿佛充斥着无尽的购物中心，到处都是人们买卖的景象。我认为，新加坡很多增加的国内生产总值，其实是所谓的"珍道具"（chindogu）创造的，这是日本人用来形容人们购买的不必要的东西的词语，比如下雨时用来擦拭眼镜的雨刷器。"珍道具"也包括我并不需要的那双多余的鞋子、挂在衣柜里从未戴过的 20 条领带、从亚马逊冲动订购的从未读过的书，以及我们的儿子在采用购物疗法的过程中购买的所有昂贵商品。

"珍道具"是资本主义物质过剩的第一个迹象。经济增长需要更多的人花费更多的金钱，这反过来会为更多的人提供更多的工作机会，赚取更多的财富用于购买更多的商品，从而形成螺旋式经济增长的循环。这就是 20 世纪末美国的经济增长模式，除了一些暂时的低谷期，这种经济增长模式在全球已经风靡了 50 年。因此，这种循环很难受到质疑。

然而，当需求减少或者人们开始克制欲望、理性消费时，资本主义就会受到动摇。20 世纪 90 年代，日本面临的问题就是需求不振，政府甚至考虑发放购物券来鼓励人们进入商店购物。新产品的推出和产品的升级可以刺激人们的欲望，从而保持需求的活跃。此外，看到他人拥有自己没有的东西也会激发人们的欲望。广告推动的时尚趋势以及人们之间的羡慕和嫉妒，都是刺激需求的重要因素。

作为一名经济学家，我深刻理解"珍道具"在促进就业和消费增长中所起的作用，但我也对人们购买那些非必需品的浪费感到担忧，无论是时间还是材料的浪费。没日没夜地在购物中心推销"珍道具"，即使是高档商品，工作也不可能很有乐趣；而在工厂中生产"珍道具"，或者坐在呼叫中心做"珍道具"的客服，也不会有趣。我反思过后，认为这并不是生活的最佳方式，即使这份工作能提供维持生活所需的面包。

我还担心，在富人越来越富，经济不断增长的循环中，全球仍有超过40亿人生活在贫困之中。资本主义似乎无法纠正这种不平衡，甚至可能会使情况变得更糟。然而，在过去的30年里，新加坡逐渐摆脱了贫困，虽然新加坡人自身不断增长的欲望也带来了新的问题。

"这真是令人不解，"一位年轻的银行家告诉我，"尽管我的收入至少是我父亲的5倍，但是我的父母拥有一座带花园的房子，还有一个住家保姆和一辆车。如今，带花园的房子已经变得罕见且价格昂贵。而我住在一个没有保姆的五层公寓里。我没有车，因为买车首先要购买拥车证，其价格几乎和车本身一样昂贵。我父亲每天下午六点下班回家，而我大多数时候要到晚上九点以后才能结束工作。我真的不知道谁更富有，我父亲还是我？"

这是资本主义带来的另一个问题：为了维持现有生活水平，人们必须付出双倍的努力。相较于父母那个时代一份工作就能维持的家庭生活水准，我们则需要两份工作并且工作更长时间才能维持。这里，"相较于"的概念很重要，虽然我们对父母那个时代的慢节奏的生活有些怀念，但很少有人希望回到那个时代的物质条件。现实情况是，我们倾向于和周围的人进行比较，而不是和过去或父母比较。尽管富裕的河流在迅速流淌并裹挟着我们前进，但如果不盯着岸边，只注意旁边的人，只会让我们感觉自己在原地踏步。

当人们并不感谢政客们为经济增长做出贡献时，政客们可能会感到失望，但并不应该感到惊讶。我们不能像政客那样对自己所创造的经济增长沾沾自喜，应该将自己与同一时代的人进行比较。此外，随着经济增长，越来越多的人加入经济竞争的大潮，这使得竞争更加激烈。有些人像我一样，希望离开竞争的大潮，坐在岸边看着其他人在水中挣扎。然而，如果每个人都选择退出，经济就会衰退，人们很快就会抱怨道路状况不佳、医疗保健水平下降、学校无法为孩子们提供良好的教育。选择上岸躺平的人不可避免地会不劳而获，搭上那些在大潮中奋斗的人所创造的社会经济的便车。

当走在新加坡干净、安全的街道上时，我意识到自己并没有解决这些问题的答案。然而，这些问题并没有给当地人带来太大的困扰，大多数人似乎喜欢购物和消费。即使是我的那位与自己父母比较生活状况的朋友，也只是有些焦虑，而不是感到愤怒或怀念他父母那时的岁月。新加坡人似乎为自己的国家和所取得的成就感到自豪。

西方国家承认新加坡在经济上取得了显著成就，但常常对其政府镇压异议、控制欲过强和人民的顺从态度提出批评。有人会问："你想现在就去新加坡生活吗？"我可以准确地回答，对于不关心该国政治的外国人来说，新加坡有很多值得推荐的地方。在新加坡，社会事务都在良好运转。毒品和暴力事件极少发生，社会井然有序，治安良好，也没有明显的阶层存在。新加坡做了许多明智之举，比如给公务员和部长高薪，但在某些方面给予的待遇过高，导致私营企业的人才流向了公务员队伍。国家的养老方案是自助模式，每个人要将30%的收入存入公积金，可以用公积金贷款购房等。大多数外国人都会认同，这是做生意和年轻家庭发展的好地方。

要想深入剖析新加坡的资本主义模式，就必须摒弃英美资本主义体系中个人主义的假设，英美资本主义体系由每个人的野心和需求驱动。李光耀已经证明了不同的资本主义模式，可以在某些情况和文化中运作。他称之为调控资本主义（guided capitalism）。我认为它更像是企业资本主义（corporate capitalism）。经营新加坡就像经营大象般的企业一样，假设经营对企业有利，那么也将有利于所有居民，这与个人主义的传统截然不同。在新加坡，国家不是公众的保姆，公众也应该准备好为了国家的利益而做出部分妥协。新加坡并不适合那些思想独立的跳蚤般的个体或炼金术士。

事实上，这是新加坡政府目前关注的问题之一。国家需要更多的创造力来维持自身的成长模式。仍然是新加坡发展哲学驱动者的李光耀曾说，现在可能是时候放松"调控"的程度，允许更多个体表达自己的意愿了。静观其变，看看这两种资本主义模式是否能成功融合，或者允许个人主义渗透进来是否会扰乱这个精心构建的社会，将是一件很有趣的事情。

在美国，我发现这是一个完全不同的地方。

美国

我第一次去美国是在 1966 年，那时我 34 岁。对很多人来说，美国是一个相当神秘的地方。那时候，人们去佛罗里达或加利福尼亚度假很常见，企业高管很少考虑只飞往纽约出差一天，且愿意等待直到能够买到廉价机票再出发。我打算去麻省理工学院学习商业理论和实践，据我了解，当时美国的商业和商学院体系受到了世界的普遍赞美。

1966 年的英国情况与现在有所不同。当时，英国并没有像现在这样的正规商学院，人们也不太重视商业领域的研究。我还记得有一次，我告诉一个朋友我准备入职新的伦敦商学院，并要去麻省理工学院学习。他看起来非常困惑，然后问我麻省理工学院是否和蒙特利尔打字学院一样。当时，对大多数英国人来说，商学院只是培养秘书的学校。

我对美国情有独钟，因为美国人民开放、友好。他们与英国人不同，他们鼓励人们追求自己的梦想，而不是受父母的束缚。他们热情洋溢的态度让我备感温暖，甚至让我对人们与众不同的大声喧哗也备感亲切。然而，一开始并不顺利。当时我已经和妻子结婚 4 年了，带着只有 6 周大的宝宝入境美国。欧洲大陆暴发了一场小规模的天花疫情，因此我们采取了预防措施，携带了医生的证明信，说明婴儿太小不能接种疫苗，以防美国移民局对此提出异议。果然，移民局对证明信提出了质疑。

一个炎热的下午我们落地美国，移民局的官员看起来疲惫不堪，满头大汗。他说根据指示，不允许未接种疫苗的欧洲人入境。如果入境，我们必须自费在医院的隔离病房中隔离 5 个星期。我们争论、抗议、恳求。最终，他同意让我们入境，条件是我同意代表麻省理工学院签署一份文件，向美国政府承诺承担病毒传播可能产生的后果，最高赔偿金额为 1000 万美元。他和我都知道，我没有权力代表麻省理工学院签署任何文件，但他得到了保证书，而我们保护了自己的孩子。

后来，我对入境美国的遭遇进行了反思，它为我揭示了即将进入的这个国家的许多信息。令我印象极其深刻的是，一个大组织中的底层员工能够自发地想出如此有新意的解决方案，并且有权力去实施。移民官在解决问题的过程中都没有想要请示上级。这种个人责任感和能动性，我在美国一次又一次看到，而这种解决问题的态度已经超越了工作本身的范畴。美国人似乎深知，生活是自己的责任，而不是他人的。在运作良好的社会中，他们认为每个人如果都能承担这种责任，就不需要国家福利的存在。有人一直告诉我，英国的国家医疗服务体系是软弱社会的标志。

我还发现，金钱解决了我入境美国时面临的困境。我的意思不是说移民官受到了金钱的贿赂，而是说他会寻求经济上的解决方案。在美国，我遇到的许多事情都与金钱息息相关。一个人成功的程度通常取决于薪水、专业收费以及净资产的多少。如果想要参加竞选，就需要寻找大量的赞助经费；如果在事故中受伤，就会寻求经济赔偿；如果想要回馈社会，可以资助大学教授进行研究或者捐赠一个艺术画廊。

我后来得知，美国人有一种信念，即通过赚钱多少来衡量一个人的价值。这种观念并不应该让人感到羞愧。工作是合理的，好的工作应该能赚更多的钱，因此赚到更多的钱意味着更大的成就。虽然我不确定这种推理是否仍然成立，但钱很有用，而且赚钱也不是令人不齿的事。这种观念已经深深扎根于美国文化中，而令人奇怪的是，它是由一群奉行禁欲主义的英国人传承下来的。

我来自一个不愿谈论金钱的世界，节俭和谦逊的生活方式是值得骄傲的，金钱可能仅仅是生活的手段，绝对不是生活的意义。美国的金钱观一开始让我感到震惊，但随后又神奇地感到释然。

令我感到兴奋的是，自己不必为被利用才能赚钱或随心所欲地花钱感到羞愧。如果我赚到了钱，证明我对世界的贡献不亚于任何为他人谋福利的人。现在的我比刚来美国时的我热情会减少一些，但我立刻能够理解为什么美国人如此热衷于自己纯粹的资本主义世界。我发现这是一个充满矛盾和迷惑的世界。

一个星期后，我第一次去参加了经济学讲座。教授首先陈述了所有企业明确且不容置疑的目标：使股东的回报最大化。我再次注意到，金钱是衡量商业经营成功的标准。当时我认为，这个标准过于简单，我现在仍然持有这样的观点。包括我自己在内的大多数人，在工作时并没有将股东的需求放在首要位置。我也不认为人们应该这样做。

所有企业都有多个经营目标，包括为客户提供有价值的产品和服务，为员工提供良好的工作环境和个人成长机会，投资符合未来发展趋势的产品，尊重所经营的社区和环境需求，当然也要确保投资者获得适当的回报。这些目标常常会相互冲突，统一起来是非常不切实际的。企业高层管理人员需要平衡这些目标，这是十分具有挑战性的任务。过于偏重其中一项目标会存在无法达成其他目标的风险。

有一次，在一个私人研讨会上，我发现自己坐在号称"电锯"的艾尔·邓莱普（Al Dunlap）旁边。邓莱普之所以获此绰号，是因为只要一些成本和员工不能带来最低净利润，他就会无情地砍掉这些成本并解雇员工。当他宣布一家公司存在的唯一目的，是尽快把尽可能多的钱还给公司的股东时，我不自觉地用非常响亮的英式英语脱口而出："你简直就是在胡言乱语！"他没有给我解释的机会，转身对我说："这就是你们国家的问题。你们的商业领袖不明白他们存在的目的。"三年后，我听说邓莱普负责经营的公司倒闭了，因为大幅度裁减员工，使公司失去了未来的方向，也使他自己丢了工作。

我仍然不理解为什么在英美式资本主义中，股东会被赋予如此大的优先权。实际上，他们并没有以任何实际意义上的方式"拥有"公司。在大多数情况下，他们甚至没有为公司提供资金。每个企业的原始股东确实以购买股份的方式向公司提供了资金，但此后这些股份通过各种证券交易所转手，公司实际上并没有获得更多资金。股东并没有为企业融资，只是把企业当成赌注。股票市场在很大程度上是一个次级市场，与企业实际经营的业务相去甚远。

在股市上，股票的交易价格对企业确实很重要，因为如果股价升高，企业可以利用股票收购其他公司或募集新的资金，但如果股价下跌太多，企业就会面临被其他企业收购的风险。因此，当公司的董事长热情地谈论他们从未见过的大部分股东时，实际上在谈论的是股票价格，这受到企业能够披露的利润、股息以及公司未来发展前景的影响。从股票价格的意义上来说，金钱确实可以成为衡量企业成功的真正标准。

某种程度上，股价是企业货币，尤其是在美国。企业可以用自己的股份来购买其他企业。这是实现公司快速发展的最佳路径，可以填补任何战略上的空白，更有甚者，还会为企业高层管理者提供更多的工作机会。然而，研究一致表明，约三分之二的并购并不能增加企业的价值。唯一从经济上受益的人群是那些拥有被购买公司股份的股东。我发现，在并购过程中令人感到不安的是，企业变成了可以买卖的商品，没有人顾及那些为企业工作的员工的意愿。

在离开壳牌公司后，我加入了英美资源集团（Anglo-American），为其在南非的分支机构工作了一年。作为该公司的经济学家，我受雇于总部位于伦敦的特许联合集团（Charter Consolidated）。该集团的目标是将英美资源集团的一部分资产转移到南非以外的其他地区。这时，我在新加坡的经历派上了用场，并有机会重新定位自己。在我工作的第一周结束时，收到了一大堆法文版的公司报告，还有一些用非洲语写的报告。公司高管交代给我一个任务，他说道："公司在约翰内斯堡的大老板，哈里·奥本海默，想将南非的一部分资产与法国的资产进行置换，他想知道这笔交易是否划算。"我全力以赴，对我而言这是一项绝佳的智力挑战。当我计算出哈里可能因这笔交易损失约200万英镑时，我为自己感到非常自豪，相信他会很高兴知道可以省下这笔钱。

第二天，哈里的副手在回南非之前，顺便来看看该项工作的进展。我告诉他我对这笔交易中的 200 万英镑的赤字感到担忧。

"哦，就这些吗？"他说，"用这点儿小钱就能在欧洲站稳脚跟，哈里会很高兴的。"

我意识到自己已经进入了企业金融的世界，其中的公司买卖只是达到目的的手段。我必须承认，在所有公司收购的计算和预测中，我并没有考虑过在这些公司工作的员工，但却在帮助自己的公司决定他们的命运。我甚至不知道这些员工所在的位置。操盘买进卖出公司很有吸引力，我这个新手的权力也很大。纽约或伦敦投资银行的企业操盘手比我更聪明，但我怀疑他们不会比我更加关注被买卖公司的员工。

此外，公司的股价涨跌既受当下趋势影响，也受企业实际市场表现的影响。例如，一些时髦的新经济股票，尽管企业从未宣布过盈利，却可能拥有高涨的股价。股市本身也受供求关系的影响。更多的资金进入股市，会推高大多数企业的股价，无论企业的市场表现如何。而股市的低迷可能源自投资者对政策的不确定性或经济衰退的担忧，即使个别公司的市场表现尚可。20 世纪 90 年代的股市上涨，诱使许多美国人借贷购买那些不断上涨的股票，从而拉升了入市需求并推高了股价。如果有一天，美国政府决定，私有化部分资金不足的社会保障项目，那么每年会有约 1000 亿美元的税收流入市场，这将会推高股市行情。然而，如果太多普通公民担心私有化的影响，并决定试着抛售股票，也可能导致股市下跌。

将这样一个赌场般的体系作为整个社会财富创造的基础似乎很不合逻辑，甚至是荒谬的。奇怪的是，自二战以来，美国几乎持续不断地在照此运作。个人通过将自己的企业上市而成为千万富翁。企业高管们以优惠的价格购买公司股票期权获得业绩奖励。个人会借贷投资于股市去赌一把。除了薪水之外的获得财富可能性，激励着个人将梦想带到市场上，创办企业并不断扩大规模，或者提高产出。追求个人财富仍然是推动美国资本主义机器运转的引擎。财富给具有进取精神的个人以自由，让他们可以按照自己的意愿生活，购买市场上提供的自己想要的东西。

一件奇怪的事情是，对于处于财富塔尖的人来说，挣到的钱并不是用来花的。最富有的美国人每年赚取数千万美元的财富，无论怎么挥霍，也没有哪个富翁能够花完。1999 年，《福布斯》400 强美国富豪榜中有 268 位亿万富翁——一个人必须有 6.25 亿美元才能上榜。在这里，金钱本身就是一种门槛和奖品。一些超级富豪会拥抱自己的奖品，从成功中获得满足感，但穿着却十分朴素，避免露富，他们称之为隐形富豪。有些人则喜欢露富。英国人以被授予爵士和男爵作为成功的象征，美国人则通过花钱来展示自己的成就。一些富豪会炫耀自己的葡萄园和游艇，另一些人以自己的名字命名基金会或博物馆，用工作赚来的钱在获得荣誉方面犒劳自己。我认为这种美国式的生活方式没有什么不好。

然而，大多数美国人实际上需要的不是作为奖赏的金钱，而是用来维持生活的资金，因为大多数美国人在生活中经常感到拮据。当他们目睹公司高管获取高薪，并将其与自己的收入相比较时，一定会对公司高管薪酬高出平均工人工资 500 倍的制度感到惊讶。我们并非在讨论像迈克尔·乔丹这样的体育明星或比尔·盖茨这样极具个人才能的企业家，而是针对更普通的企业高层管理者。人们想知道，大家都在同一家组织工作，怎么会有一个人的工作价值比另一个人高出 500 倍？一个人真的可能比其他人多做出如此巨大的贡献吗？

据统计，在美国经济繁荣时期，大部分美国人的实际收入并没有出现显著增长。20 世纪 90 年代，86% 的股市收益流向了 10% 的人口，其余大部分人的收入都未受到影响。美联储发现，在 1995 年至 1998 年期间，美国家庭净资产的中位数增长了 17.6%，但 55 岁以下的所有收入群体的家庭财富仍"明显低于" 1989 年的水平。换句话说，现在两个人工作才能维持他们父母时代一个人工作就能达到的生活水平。从统计学上分析，美国现在是世界上最不平等的社会，仅次于尼日利亚。美国似乎证明了这样一种推断，即经济增长越快，贫富差距就越大，因为在比拼知识和技能而不是体力的竞赛中，穷人会落后。

美国两大主要政党都致力于资本主义社会的发展。美国的贫困人口虽然非常贫困，但并没有发动革命，中产阶层似乎也没有感到自己处于劣势，尽管统计数据显示他们确实如此。我时常走过美国城市中心的贫困街区，然后又穿行于草坪修剪整齐、豪宅林立的城郊，我不禁思考，为什么大多数美国最贫困的人，并没有像我一样坚信这种日益增加的不平等会成为资本主义的致命弱点，担心它会将资本主义引向不光彩的结局。

我相信，答案在美国是独一无二的。这可以追溯到那些早期的清教徒，他们强调个人通过努力可以得到救赎。他们教导我们，生活是自己的责任，不能因自己的处境而责怪别人。清教徒们还相信，人类的责任是在地球上创造"天堂"。他们敦促人们建立一个模范社会——"山巅之城"。

美国文化中最令人振奋的一点是，人们相信未来可以并且应该比过去更美好。这与欧洲截然不同，欧洲人经常感到事物只能从过去的黄金时代走向衰落。再加上移民文化中建立新生活的传统，人们可以开始理解，为什么许多美国人认为他们有一天也可以分享周围繁荣带来的机会。在其他资本主义社会中，可能会产生负面影响的嫉妒行为，在美国却似乎激发了人们的雄心和希望。底层员工的职位变动证明了这一说法。过去一年中，超过半数的基层员工的职级已经向上移动了一到两级，而其他一些人的职级则在下降。

这种变化向那些处于社会底层的人暗示着，一切总有可能性与希望。然而，希望也伴随着恐惧，因为社会并不能给予失败者太多保障。或许，我认为正是可能性和恐惧的交织，激发了美国如此显著的活力。然而，如果恐惧超过了可能性，就像在大萧条时期那样，美国的资本主义模式将受到威胁。

在我看来，美国人（而不是政客）一直相信市场，认为这是改变命运的最佳场所。美国评论员托马斯·弗兰克担心如今的市场"比单纯的选举更有力和更有意义地表达了民意"。如果是这样的话，那么穷人实际上是在剥夺自己的权利，但他们似乎并不介意。对许多美国人而言，只有在政府开始花纳税人的钱到海外冒险时，政治才会成为关注的焦点。国内的问题更容易在个人层面通过努力和金钱解决。当选举很少能改变很多事情时，人们为什么还要投票呢？因此，在这个世界领先的国家中，一半的人口不去投票选举，构成了关于民主的悖论。资本主义正在侵蚀着民主。

这个问题是否重要？我认为是非常重要的。它塑造了一个以自我为中心的社会，人们关注的仅是个人和家庭，而忽视了更广泛的群体，形成了富人俱乐部与贫民窟之间的鲜明对比。最近，我受邀前往美国，入住了一家五星级酒店。我很高兴，酒店费用由邀请公司承担，但我发现电梯无法停在我住的楼层。我向酒店前台反映了这个问题。她带着歉意说："抱歉，我忘记给您行政楼层的房卡了。您只需将房卡插入电梯的识别孔，然后按下楼层按钮即可。"享受特权而无须承担任何责任的感觉确实令人愉悦，在酒店的待遇还包括免费的鸡尾酒和小吃，早餐安排在高楼层，远离低楼层的其他客人。

在现代美国的某些地区，人们似乎更倾向于沉迷在自己的世界中，与比自己社会阶层低的人接触较少，对他们的生活也缺乏关注。政治家在竞选时很少谈及紧迫的社会问题，如监狱人数激增、毒品和枪支泛滥、环境污染加剧以及种族关系紧张。相反，他们更关注个体，承诺为"你"做些什么，忽略整个社会群体的需求。

在美国社会中，不止我一个人认为资本主义正在侵蚀着人们之间的互助情感，一些杰出的美国人也有相同的看法。政治学家罗伯特·普特南在他的著作《独自打保龄球》中生动地描述了美国人的诚信和人与人之间的信任正在逐渐消失，社会资本主义体系正因为粗糙的个人主义和独来独往的社会趋势而面临危机。亚当·斯密一直认为，市场体系建立在同情心的基础上，需要关心邻里并与弱势群体分享发展成果。如果这种同情心被侵蚀，市场交易所依赖的信任基础就会面临被破坏的风险。

杰出的美国人、诺贝尔奖得主罗伯特·福格尔对他所看到的美国精神匮乏感到担忧，认为这在很大程度上是由资本主义的物质极大丰富造成的。然而，他所指的并非缺乏精神信仰，而是缺乏自尊、家庭观念、纪律意识、重视品质等特质，以及他认为的最重要的目标感的缺失。他认为，一旦人们开始丰衣足食，这些特质就比更多的物质财富更加重要。

经济历史学家戴维·兰德斯在他的著作《国富国穷》中做了进一步阐述。他认为乐观主义的精神不再真实。对许多人来说，未来看起来比过去更糟；狂热主义、派系主义和怨恨情绪不断增长。他引用叶芝的话来表述这一现象："善者信念全无，恶人激情澎湃。"

我重访美国时，距离第一次到访美国已经过去了超过四分之一个世纪的时间，我感受到了戴维·兰德斯所描述的一些担忧。这仍然是一个生机勃勃、乐观向上、充满活力的国家，让我再次感觉到一切皆有可能。然而，在繁荣的背后，我也确实意识到了隐藏着的自私自利行为。关心自己也许是很自然的现象，但我发现了这种现象背后的危机。如今，令人担忧的日子已经降临依靠薪金生活的中产阶层身上，他们失去了以往工作的安全感，却没有从比拼才华、创业者独占鳌头、赢家通吃的世界中受益。

我不禁要问，为什么美国需要雇用世界上 70% 的律师，同时想知道这是不是罗伯特·普特南所感受到的信任崩塌的明显迹象。一位朋友最近和孩子们从英国移居美国，抱怨孩子们的朋友从未到她家里来玩过。

"为什么孩子们不来呢?"我们好奇地问道。

"孩子们会不小心受伤，而他们的父母知道我们没有相应的保险。"

我面露疑色，于是朋友解释道:"这意味着如果他们的父母因此起诉我们，将得不到任何赔偿。"

我心生疑惑，想知道在什么样的世界里，连孩子们一起玩耍都不被允许?

在最近几次对美国的访问中，我对罗伯特·福格尔对美国人目标感缺失的担忧也产生了共鸣。这是一个长期的困境，当拥有了自己想要的东西后，你就不会对此再有兴趣，这也是一个成功的悖论。因此，具有讽刺意味的是，一个让许多人在早期就功成名就的社会，正在使大量有影响力的人患上倦怠的流行病。在资本主义制度中，金钱能买到很多东西，但一旦人们的物质需求得到满足，金钱并不能为我们大多数人提供充分的活着的理由。当然，总是有更多的奇葩发明让人产生购买欲，但即使这样，人们也会在一段时间后变得乏味。在我看来，有价值的生活需要有超越自我的目标，而在自私的资本主义社会中，人们觉得这件事无关紧要。

我离开美国时总是会充满活力且兴致勃勃，但我也知道自己并不想在那里生活。这个国家的资本主义形式太累人了。生活变成了一场无法放弃的长跑，也是一场永远无法赢得的比赛，因为总有人领先，总有更多的东西可以得到，更多的方法可以做得更好或者更快。我在那里有一些意志坚定的朋友，他们定义自己的比赛范围，设定自己的节奏和目标。但他们毕竟只是少数。我怀疑如果自己在那里生活，不能像他们那样能把握自己的人生。

我想知道，是否有一种要求较低的资本主义模式？我需要找出答案。

印度喀拉拉邦

自由市场资本主义在美国发挥了重要作用，创造了大量财富，但也使美国持续存在着财富分配不均衡的问题。美国人一直强调自由优于平等，这里的平等是机会平等而非结果平等。美国所倡导的三大核心价值之一的博爱也受到了质疑，它不再是社会所需要的凝聚力机制。美国已经变成了富人俱乐部和贫民窟的混合体，这一现象实际上在很大程度上证实了这一点。

欧洲40年来遭受了两场可怕战争的重创，在自身的传统上，人们更注重强调公平分配和社会凝聚力，而不是开足马力创造财富。20世纪80年代的英国，玛格丽特·撒切尔开始改变这种做法。她直面各种反对力量，压制工会，并乐于看到许多效率低下的大象般的工业企业倒闭。为了取代旧有模式，她试图创造以经济利益为回报的美国式的个人企业文化。

这是一个必要的改变，以前的做法导致了国家一片混乱，但改变付出的代价也是高昂的。众所周知，她曾提出"社会并不存在，只有个人和家庭"，这在我看来是相当合理的，这意味着人们必须对自己的生活负责。然而，她的言论引发了一片哗然，许多人认为她损害了英国社会的凝聚力。社会不平等现象在加剧，人们普遍存在不安全感，"底层阶级"这个词也频繁出现，一些我们熟悉的职业不再存在。随着国有企业被出售，税收降低，利润和金融回报成为成功的标志。

经济形势确实已经开始好转，但一种新的、丑陋的自私主义出现了。随着时间的推移，人们希望通过投票产生更温和的资本主义模式。人们能做的也只是期待，一旦个人资本主义的精灵从瓶子里被放出来，就很难将其收回去。法国总理利昂内尔·若斯潘非常好地诠释了欧洲的观点，他说想要市场经济，但不想要市场社会。正如他所了解的那样，说起来容易做起来难。但法国并不是欧洲唯一希望保护人民免受美式资本主义残酷对待的国家，即使这样做会以牺牲一定程度的经济增长为代价。

我希望欧洲找到适合自己的更温和的美式资本主义道路，但我想看看资本主义对贫困地区和第三世界部分发展中经济体会产生什么影响，果真如有些观察者认为的那样，资本主义是在掠夺这些地区，剥削廉价的劳动力吗？统计数据显示的结果并不乐观。1960年，世界上最富裕的20%的人拥有70%的财富，到1990年拥有的财富比例上升至85%，现在可能更高。有十亿人生活在日均消费不到1美元的水平。

我决定去印度看看。我曾多次造访那里，这仿佛是我的家族传统。我母亲的两个叔叔曾是旧印度时期军队的军官，他们有着关于战争生活的传奇故事。而我母亲的姐姐是一名专职医生，在印度最贫穷的哈扎里巴格（Hazaribagh）的传教医院工作。我曾去那里探望过她，一同乘坐她那辆巨大的老式雪佛兰卡车前往村庄为村民们看病。她被当地人视为来自天堂的使者，因为她是他们唯一能接触到的医疗保健人员。

这个国家的问题层出不穷，人口持续增长，缺乏基础设施，生活基本条件很差，让我深感震撼。人们的友好和对生活的谦卑让我敬畏。我记得有一次出访时，我们早晨经过车站时看到一位女士站在路边等车，我们下午返回时，她仍在等待，似乎毫不气馁。她相信公交车迟早会来。我钦佩她的耐心，但我认为这种沉默地接受并不意味着有助于企业型社会的发展。

我想知道，资本主义模式在印度这样一个与美国截然不同的地方是如何运作的。

新世纪伊始，我获得了机会，可以在印度一个极其特殊的地方寻找这个问题的答案。我受 BBC 邀请制作三个关于喀拉拉邦的广播短节目。喀拉拉邦是旅游胜地，可惜我不是一个很好的游客，历史景点让我感到厌烦，在沙滩上待上一个小时对我而言太长，当地的人们和他们的生活才更有趣。我发现，如果带着一台印有 BBC 字样的录音机，人们就会很乐意和你交谈。

喀拉拉邦是印度最小的邦之一，尽管该邦有三千万人口聚集在这个庞大次大陆的西南边缘的山丘和海洋之间。这是一个具有郁郁葱葱景色的邦，与印度大部分地区灰秃秃的褐色形成鲜明对比，河流和内陆水路从山区的茶园一直延伸到海边的稻田和海滩。

早期的发展规划被称为"缓慢加速"，就是要打好基础，重点放在初级卫生保健和教育方面，特别强调识字和关注妇女权益。结果是显著的。喀拉拉邦的出生率是印度最低的，仅略高于每名妇女 2.2 个孩子的出生率，当地马拉雅拉姆语（Malayalam）的识字率达到 94%，这比英国和许多第一世界的国家都要高。

这里的人既聪明又有魅力。他们能够找到自己的优势所在，大多数时候也能够看到自己的优势并不在本地。喀拉拉邦的年轻人了解全球经济的走向。技能较好的人在孟买、德里甚至更远的地方工作，比如加利福尼亚、慕尼黑和伦敦；技能较差的人则为富裕的中东产油国提供劳动力，每隔几年回家一次，五十多岁时就会退休。

这是喀拉拉邦在全球化世界中面临的困境。年轻人受教育后就会离开本地，留下来的人在印度的收入标准下算是富裕的，但收入却来自海外的亲戚或游客。这两个收入来源都存在问题。喀拉拉邦吸引了大量的嬉皮士，他们从拥挤的果阿邦溜达到喀拉拉邦长长的空旷海滩上。我在著名的科瓦兰海滩遇到了一群年轻人，他们认为自己每天只要 2 英镑就能生活。海滩后面的简陋小屋和餐馆拥挤不堪，旁边是破旧的网吧。

喀拉拉邦希望看到更多的高端旅游人群，希望他们更好地体验当地人的生活，但当局发现很难阻止低劣旅游产品的供应。低劣的旅游产品会损害国家的形象，尽管这样做会使一些人受益。它会带来毒品、环境脏乱和性交易，当地居民和游客都会认为该地缺乏高雅的氛围。我认为这是全球化的过程中往往不被重视的一个问题：年轻人的流动性。一张从伦敦到格拉斯哥的火车票的钱就可以让他们到世界上的任何地方，并把本国的最差的一面带去。

汇款也是体现全球流动性的一个方面。喀拉拉邦的居民和游客一样注重全球化，很多喀拉拉邦人靠他们在世界各地工作的亲戚寄来的小额汇款维持生活（该邦的主要日报每天印刷 100 万份，但其中 10 万份会被送到国外）。因此在喀拉拉邦，人们有钱可供开销，其中大部分的钱都被当地留守的外出打工者的父母和妻子用来消费。他们自然会把钱花在第一世界认为理所当然的消费品上，如电视机、洗衣机和电脑等产品。此外，当地人也渴望拥有一座现代化的砖房作为栖身之所，以及一辆汽车作为代步工具。

居民增加的消费使原本并不宽敞的道路更加拥挤不堪，吸引人们涌入没有空间和工作机会的城镇。更重要的是，除了砖块和建造新房子所需的劳动力外，人们购买的东西都不是在喀拉拉邦生产的。国外的汇款并没有创造新的工作机会，只带来了新的进口商品。为了购买这些进口商品，喀拉拉邦输出了最优秀的人才。

"我们就像是在印度的爱尔兰人。"一个人告诉我说。

"但爱尔兰人正在返回家乡，"我说，"你们的人民什么时候会回到喀拉拉邦呢？"

我与几位在孟买工作的年轻企业高管进行了交流，他们的老家在喀拉拉邦。大家一致认为，喀拉拉邦确实是一个美丽的地方，虽然他们愿意回去探望家人，但并不打算在那儿生活。

"为什么不回去呢？"

"因为那里没有适合我们的工作。没有任何激情，也无事可做。"

这是我年轻时对爱尔兰的感受。当时我也离开了，除了去看望家人就再也没有回去过。

爱尔兰政府通过税收优惠吸引了 1000 家美国跨国公司，同时也吸引了受过良好教育的年轻劳动力进入欧洲市场，促进了爱尔兰经济的腾飞。在这样的背景下，当地企业开始复苏，海外爱尔兰人也开始回流。与爱尔兰类似，喀拉拉邦位于一个巨大的市场边缘，可能需要海外企业的推动来促进发展。为了推动更多企业发展，该地需要引进一些有凝聚力且是行业头部的企业。虽然喀拉拉邦已经建设了一个全新的科技园区，但目前尚未有太多企业入驻。

然而，政府选择将稻田重新分配给曾在田地上工作的小农户，旨在让更多人获得经济独立并留在原有的土地上。但这是针对前工业时代的解决方案，而印度已经进入后工业时代。新分配的土地面积太小，当地人赚的钱也不多，人们追求的不仅是自给自足的小农经济，而是希望有更多现金用于购买所需物品。当地人告诉我，他们需要的是工作而非土地。

你可能会和我一样，认为喀拉拉邦在新经济中处于完美的位置。没有需要逐步淘汰的旧产业，该地可以凭借受过良好教育的劳动力、美丽丰饶的环境，以及将山那边儿的印度电子之都班加罗尔作为样本和它所提供的专业知识的帮助，直接跃升至新经济时代。但事实并非如此。

秘鲁经济学家赫尔南多·德·索托（Hernando de Soto）的工作成果可能会提供一种解释。他表示，第三世界并不缺少企业家精神。在这些国家，要生存下去需要各种各样的智慧和创业精神。他认为，穷人确实拥有许多资产，但他们缺乏将这些资产变为可用的流动资本的能力。

因为这些资产存在于非正规经济体系中，未在任何合法财产权系统中登记，所有者无法抵押或出售，也无法增值，因此一直受困于现状。现在，有些国家财产权和生产资本清晰，有些国家则不够清晰。财产确权不仅仅记录了资产，更促进了一种思维方式的形成，激发人们利用资产创造价值。西方人视财产权为理所当然，但索托指出，全球大约有 200 个国家，只有 20 多个国家具有普遍财产权制度，同时能将劳动价值和储蓄转化为可用资本。

为了证明他的观点，索托的研究团队在秘鲁首都利马郊区开设了一个小型服装厂。然后，他们开始了企业注册程序，排长队见政府管理者，填写表格，乘公交车进城。团队每天花费 6 个小时，最终在 289 天后注册了公司。他们计划只雇用一名工人，但注册费用却是 1231 美元，是当地最低工资的 31 倍。这也解释了为什么当地大多数小微企业都不愿自寻烦恼去注册公司。在菲律宾，如果个人在国有或私有的城市土地上建造住宅，需要 168 个申请步骤，涉及 53 个私人和公共机构，需要等 13 ～ 25 年的时间才能合法购买土地及住宅。在埃及，在农田上建造住宅，仅登记就需要 6 ～ 11 年的时间。这就是 470 万埃及人宁愿选择非法建造住宅的原因。

索托的统计数据并没有到此为止，墨西哥国家统计研究所在 1994 年估算，该国有 265 万家非正式的小微企业，没有一家是合法注册的公司。

一个国家的所有未确权资产通常不过是些简陋的小屋，但总价值加起来就会是天文数字。根据索托的计算，秘鲁的未确权资产的总价值约为740 亿美元，相当于利马证券交易所总价值的 5 倍。在埃及，这个数字是2400 亿美元，相当于开罗证券交易所总价值的 30 倍，是该国所有外国投资价值的 55 倍。纵观整个第三世界，这一数字达到了 9.3 万亿美元。

在财产方面，美国再次受益于其祖先所留下的传统。最初的定居者对财产的敏感意识促使他们认真记录早期财产的归属情况。然而，正如索托所指出的，只有那 20 多个拥有普遍财产权的国家，才能从不断扩大的全球市场中获得足够的资本。这些国家的产品被世界其他地区消费，而这些地区却感到自己被富裕阶层所排斥。解决这一问题的关键在于，正如索托在秘鲁所倡导的，改革法律程序，使人们更容易拥有财产，从而为自然形成的非正式小微企业家释放资本。

索托并未直接解决印度的问题，但普拉哈拉德在一篇鼓舞人心的论文中提出了解决方法，该论文最初在互联网上发布，因此可以被许多学术界之外的人士看到。普拉哈拉德的论文以这样的可能性为出发点，即印度贫困人口可能成为大企业的盈利市场，前提是这些企业重新思考自身的整个业务流程。

普拉哈拉德以印度斯坦利华（Hindustan Lever）洗衣粉公司决定追随当地的竞争对手尼尔玛（Nirma），进入低端洗涤剂市场为例。斯坦利华原本认为这个市场无法负担本公司的产品。它们通过大幅降低产品中的油水比例，从而减少了产品洗涤衣物过程中对河流及其他公共场所带来的污染，并且大大降低了生产成本。斯坦利华利用印度农村丰富的劳动力资源，进行生产、营销和分销。企业不仅赚了钱，还将一整条小型企业链引入正规的商业领域。母公司联合利华，后来在巴西成功地用阿拉（Ala）品牌复制了这一经验。

让贫困人口获得从社会底层上升的机会，需要激发他们赚钱的潜力，并帮助他们找到获得信贷的渠道。像孟加拉国穆罕默德·尤努斯（Mohammad Yunus）创立的格莱珉（Grameen）银行，或芝加哥的肖尔银行（Shorebank）这类社区银行就可以发挥作用。它们都证明了，向充分审核过的贫困人口放贷并不会存在高风险。格莱珉银行有99%的小额贷款都得到了偿还。索托的提议可以为更多信贷提供依据，而普拉哈拉德的想法则可以为穷人提供商机，使他们作为微型企业网络的一部分，参与向贫困人口销售低成本的产品。

这些想法对喀拉拉邦有帮助吗？令人难以置信的是，哪怕有机会，我在那里遇到的聪明、机敏的人都只会满足于经营可能未注册的商店和出租车生意。炼金术般的创新精神有可能被教育体系淘汰了，该体系仍建立在从英国继承下来的体系上，注重传统的一致性而非创新性。我很想说英国人耽误了喀拉拉邦的发展，那些殖民管理者只是想要把英国的传统移植在外国的土地上。

从我的角度来看，喀拉拉邦人对所处发展阶段接触的资本主义模式可能存在一些误解。英美强调个人主义，这往往促使人们追求最好的发展机会，甚至可能导致他们选择离开喀拉拉邦。即使他们最终回到家乡，过于关注个人利益的态度，可能会对这个地区带来更多的伤害，而非帮助。

如果采用新加坡的资本主义模式，就会把人与喀拉拉邦的未来紧密相连，说服他们与喀拉拉邦共进退，但实现这一目标需要一位李光耀那样有激情与远见的领袖。问题是喀拉拉邦很难找到这样的人才。

我去了喀拉拉邦，想看看资本主义对这个发展中国家中的美丽一隅的影响，这里因人们受过良好教育和有远见的政府而闻名。令我惊讶的是，我发现它其实是世界的一面镜子，它与其他许多地方存在许多相同的困境。在喀拉拉邦，教育使人自由，但也减少了人们对一个地方、国家甚至组织的依赖。从美好中获得的财富可能会毁掉美好，对个人有利的事情可能对社会不利。

我的思绪又回到了印度的另一个地方，浮现出两段记忆。三年前，作为茶业公司的客人，我们在喜马拉雅山脉的茶园旅行。那里的茶园美不胜收，数英亩的茶树成片生长，茶叶则是由工人们亲手采摘而成。由于地理位置偏远，茶叶公司不得不在村庄里安置工人。开明的企业主不仅提供现代医疗保健，还设立了优质的学校供孩子们就读。男孩和女孩们穿着整洁的校服，考试成绩也相当优秀。这一切都令人欣慰，但我不禁思考，这一代孩子长大后，会选择继续在茶园工作，还是向往大城市的生活？这些企业虽然培养了可能成为下一代劳动力的孩子们，但是否在断送企业的未来？或许他们会认同我的疑虑，但开明的企业主又能做些什么呢？难道要坐视孩子们成为文盲吗？

后来我们了解到大象所带来的问题，这里的大象是真正的动物，而不是我用来比喻的那些庞大的企业。随着茶园的不断扩张，大象的栖息地正在逐渐减少。每天，大象需要消耗大约六吨的树叶，因而它们常常在夜间闯入茶园，造成严重破坏。由于被村民饮酒的气味吸引，大象甚至可能会踩倒村民的房屋，伤害或杀死那些来不及躲避的人。村民们试图用敲鼓和挥动火把来驱赶这些大象，因为大象是受保护的动物，并不允许进行射杀。由此产生的困境显而易见：茶园是当地最大的雇主，为了提供更多的就业机会，甚至只是为了维持现状，茶园必须不断扩张。然而，这种商业扩张不可避免地会对自然环境和大象的栖息地造成损害，进而导致大象对村庄的破坏。面对这样的局面，大家都不知道该如何应对。商业发展与环境保护本是好事，但如今却陷入了难以调和的矛盾之中。

这些对印度人的记忆是社会发展的两个隐喻。最好的意图会导致意想不到的后果，在印度或其他地方都没有简单的解决方法。

具有讽刺意味的是，是穷人而不是富人认为财富会带来幸福。在世界各地的调查显示，有证据表明，每人每年1万美元的收入是收益递减点。在这个水平以下，大致上是希腊和葡萄牙目前的收入水平，更多的金钱可以买来更多基本生活的舒适感，增加个人的满意度。在这个水平以上，额外的金钱似乎并不能带来更多的快乐，可能是由于人们现在处于一个争先恐后的世界，愿意与邻居或理想中的自己争高下，而不是与过去相比较。

这种模式也产生了大量的垃圾和珍道具，它鼓励自私和嫉妒，有时会对成功给予不成比例的奖励，往往导致社会内部和社会之间的不平等加剧。《完美未来》（*Future Perfect*）一书的作者约翰·米克尔思维特（John Micklethwait）和阿德里安·伍德里奇（Adrian Wooldridge）在书中所写的大部分内容是赞扬全球化，书中引用《卫报》的一个标题来阐明这一点。"坦桑尼亚和高盛有什么不同？一个是每年赚22亿美元并分给2500万人的非洲国家，另一个是投资银行，每年赚26亿美元并将其分给161人。"即使在1998年的经济繁荣时期，美国公司也发现有必要并解雇了677 795人。我不喜欢这些结果中的任何一个，但如果人们愿意，可以对此做些什么。我也不喜欢全球化带来的疯狂节奏，被米克尔思维特和伍德里奇称为"商业精英"的人，过着几乎全天工作的生活。

然而，我发现自己很难同情这些无归属感的焦虑的精英们，因为他们在自作自受。富人选择向国家交税，要求政府清除犯罪行为并改善学校教育，但却没有提供足够的资金，同时将自己的财富藏在海外的避税地，并将自己隔离在戒备森严的社区中，对他人的问题熟视无睹。资本主义是一条湍急的河流，如果允许其自由泛滥，它将淹没周围的一切。人们需要建立来自政府、国际组织和自身的牢固的防洪设施。

现代资本主义的变化速度加剧了世界的不确定性，对于企业和个人来说都是如此。这意味着去年行之有效的策略今年可能已经不再适用，去年的项目现在成了一纸空文，那些掌权者很快就会变成过时的人，过于长远的计划、盲目的信任和过度的依赖都变得不可取。并非所有事情都朝着更好的方向发展。这对年轻和有能力的人来说可能会很令人激动，但大多数人只会感到不安和焦虑。经济增长意味着人们会前进得更远、更快，停留的时间会更短，甚至没有时间停下来看望或者照顾左邻右舍。我们有时会对自己说，让世界慢下来，我想稍做停留。如果我们愿意，我们确实可以做到。

我们可以选择一条不同的道路。新兴的富裕阶层可能会积累隐秘的财富，购买高品质的有机食品，过着简约而注重品质的生活，而非追求过度消费。他们不再频繁旅行，而是在家附近的小路上散步，更加关注改善公共交通，而不是更换更智能的汽车。这种趋势可能会逐渐流行。离婚可能会被视为一种自私的社会行为，社会也需要建设更多的住房，因为英国的建筑密度已经过高。同时，垃圾食品和炫耀性消费可能会逐渐被社会拒绝，类似于在美国某些地区禁止吸烟一样。

然而，即使我们希望停止这场"游戏"，也无法完全做到，只能在一定程度上加以控制。未来倡导慷慨而开放的政治理念，坚守人类共同的传统信念，并致力于构建一个对所有人都有益的社会，而不是仅仅为了维护少数人的利益。这需要具备想象力的领导者和严格的约束。缺乏这样的领导力，人们会担心产生如美国国际事务专家爱德华·勒特韦克（Edward Luttwalk）所警示的"涡轮资本主义"（turbo capitalism）现象。

　　令人担忧的是，资本主义所带来的好处集中在中产阶层的精英身上，受益者可能最多只有 20 亿人，如果到 21 世纪末，世界人口达到 100 亿人。像喀拉拉邦一样，其他 80 亿人仅靠汇款满足他们的温饱是远远不够的，必须为他们创造真正的赚钱机会。否则，这 80 亿人中的许多人将会像喀拉拉邦的人一样，被金钱所吸引，前往那些人口老龄化、人口数量减少的发达国家寻求机会。移民问题注定会成为 21 世纪的重要挑战，除非我们能让每个人都更愿意留在自己的故乡。为了实现这一目标，我们需要找到方法，使穷人拥有更多选择的权利，包括做出错误选择的自由。

　　至于我们自己，必须在靠自己做出选择方面变得更加优秀。管理大师彼得·德鲁克曾经说过，预测未来的最佳方式就是创造未来。不要总是想着竞争，做一些不同的事情，重新定义胜利的含义。我承认当我们被洪水冲走时，可能难以思考选择的可能性，但有时洪水可能会将我们冲到新的地方，带来新的机遇。

　　和当年清教徒来到美洲的荒野时相同，我们也有机会像他们当年发现纽芬兰岛⊖一样创造出一片崭新的天地。旅程结束时，我展开反思，认为如果能结合美国人的活力和自信、喀拉拉邦人的魅力和友善以及新加坡人的规范与决心，我们或许能够为自己的社会构建更美好的未来。

　　然而，这将是一个跨文化的奇迹。更实际地说，我开始意识到资本主义面临的真正挑战是在目的和手段之间实现正确的平衡。回到个人层面，这也是我第一次到温莎城堡，管理圣乔治学院会议和研究中心时所面临的挑战。当时这个机构所传承的主导哲学是量入为出的非市场化理念，但我

⊖　英文名 New found land 意为"新寻获之地"，原为印第安人和因纽特人的居住地。10 世纪末，维京人曾在纽芬兰岛登陆，但遭到岛民激烈反抗，被迫撤退，直到新航路开辟的时代，被意大利航海家约翰·卡波特再次发现并命名。——译者注

和我的同事觉得如果能增加收入，中心的运作会更容易，也会给我们更多的操作空间。因此，我们邀请一些公司将中心用作董事会和高级经理人的研修中心，他们将支付与原来去的会议酒店差不多的费用给中心。使中心更加商业化地运作超出了其创始人的设想，且并不是每个人都支持这种做法。

然而，这么做确实减轻了研究中心的财务压力，使收入能够补贴其他方面的工作。然后我发现，问题在于如何保持平衡。增加新的业务在收入上看的确很诱人，但这将改变研究中心最初的使命，即将在社会上持不同政见的有影响力的个人聚在一起，讨论这个时代的伦理和道德问题。一群抽着雪茄的企业高管在一起高谈阔论显然不符合对研究中心的定位。过多地关注经济，也就是支付账单的需要，会偏离我们的初衷，但是，忽视研究中心的运营费用会影响其运转。保持正确的平衡，意味着要放弃一些轻松到手的租金收入，才能做好自己分内的事情。

显然，社会也面临着相似的挑战。将追求最大化的财富视为首要任务，可能导致人们忘记创造财富的初衷。资本主义了解所有关于财富创造的手段，却不清楚财富应该为谁或出于何种目的创造，这可能会导致资本主义的崩溃。

在本书的第三部分，我将探讨资本主义带来的选择困境，以及在个人生活中我如何实现手段与目的之间的平衡。最终，我逐步创造自己的未来。此外，我还将提出一些建议，探讨人们在社会中应如何共同努力，以帮助更多的人开创美好的未来。

PART 3

第三部分

—

Chapter 7

第七章

组合式工作生涯的困局

在我开始独立工作的第一年，办公室的圣诞聚会就是我和妻子两个人的晚餐。

我虽然自由，却也感到孤独。孤独并不一定带来寂寞，但会让我缺乏组织的归属感。像跳蚤一样的个体不会成群结队，它们或许会寄生在更大的生物身上，但不会融入其中。在独立工作的第一年，当自己的名字出现在会议与会者名单上时，令我感到高兴的是后面的头衔是空的，我不属于任何组织。我是自己的代表，不是其他组织的代言人。然而，到了年底，企业举办庆祝活动的时候，对我发出邀请的部门也是凤毛麟角。

我告诉自己，这是一种美妙的解脱，不需要在聚会上端着装着便宜葡萄酒的纸杯假装快乐，也没有必要和我全年一直在回避的同事们假装亲近。事实上，我怀念被邀请的日子。没有任何邀请，就像被社会群体排斥，是一种社会性死亡。我宁愿被邀请但不想去，也不愿完全被排除在外。我开始问自己，如果我不属于任何地方，我对其他人而言还重要吗？我的存在还有意义吗？或许办公室聚会并不值得让我如此担忧自己的存在，但它确实是现代社会归属感的象征，而这样的社交圈对我来说却已然消失。

旧的生活结束并不是坏事，只要它是新生活的开始。我曾感觉自己被组织束缚，渴望逃离，但又与大多数人一样，我并非想要成为隐士。我们似乎天生适合群居，离开组织的温床后，我需要寻找另一个归属之地，一个可以与他人共同奋斗的地方。我必须找到归属感。

对我和每一个跳蚤般的个体来说，这种矛盾都是真实存在的。在归属感和自由之间存在着一种永恒的对立关系。跳蚤通常被认为是寄生虫。被寄生的生物并不希望身上有跳蚤，如果可能的话，它们更愿意摆脱这些寄生虫。对许多人而言，独立的生活可能是未来的趋势。他们不能指望成为任何社群的一部分，除非他们积极地花一些时间加入社群，或者像炼金术士一样创造一个社群。

我没想到会这样。我一直觉得自己在大部分社群（学校、组织、家庭、村庄）中时，都感到受困其中，以至于从未想过我会想念它们。我是一个极端的例子。作为一名作家，我小心地守护着自己时间的分配权以及表达自己信念的自由。如今，我未加入任何组织，甚至都没有加入任何政党或高尔夫俱乐部。我现在与组织的关系大多是断断续续的、间接的和暂时的，建立在孤立的事件或项目的基础上。我是一个自由职业者，不属于任何组织。如果想要加入一个组织，我就必须创建属于自己的组织。

这种情况是不会发生的。我不需要一个组织来做自己的工作。相反，与伊丽莎白在一起，我不得不创建私人网络或准社群。其中一些社群来自工作，另一些来自我们生活的私人部分。这些社群里的人，连同亲密的家人，对我们而言是真正重要的人，我们对他们有责任感，也希望我们也是他们在乎的人。然而，这些私人网络并不是自我运转的，需要努力经营。幸运的是，我的妻子是我的工作伙伴，也是一个负责社交的经纪人。她天生就是一个跳蚤般的个体，从没在组织中工作过，始终明白必须创造自己的工作和私人生活社群。她努力保持与各种朋友的联系。电子邮件对于社会交往很有帮助，但最好的方式是大家围坐在我们的餐桌旁，一起吃饭、喝酒、聊天。

确实需要一些社交能量，甚至一些自信，才能拿起电话向他人发出邀请，换作我，只会等待电话响起。谁知道呢，另一端的人可能会拒绝你的提议，或者更糟的是，也许都不记得你是谁。我可能会加入俱乐部或各种协会，参加会议，竞选俱乐部的官员，甚至成为教区教堂的执事。然而，我担心的是我并不总是把他们的利益放在心上。我可能只是在寻找并归属一个社群。许多志愿者为某个慈善机构提供服务，同样是为了满足自己对归属感的需求，而不仅仅是为了这项事业。对个人而言，归属感的确很重要。

我没有预料到自己会怀念社群生活，也没有预料到接下来面临的哲学性而非社会性的矛盾。现在，我有机会自由塑造未来，设定自己的目标，我必须认真思考生活的意义。这是我过去经常遇到的问题，就算站在父亲的坟前时也在思考。但现在我意识到，要规划生活，不仅需要本能的反应，还需要策略的支持。任何策略要生根发芽，必须源自使命感和潜在的目标。缺乏这种推动力，我会像许多企业一样，只是在计划如何生存下去，能安然度过下一年就可以了。生存并不足以成为生活的正当理由，即使对一些企业来说这样就足够了。生命是我们唯一能拥有的东西，所以最好做些有意义的事情。我有时在想，这是我的基因决定的吗？还是儿时教区牧师宅邸的岁月留下的烙印？是当时那种让人感到沉重的压迫感，导致现在我会对生活如此认真吗？我知道的是，虚度光阴的日子永远无法让我满足。

在我们伦敦的公寓里，大多数清晨我们都会邀请客人来共进早餐。我的英国朋友认为这是一种奇怪的美国习惯，对这种行为感到困惑。我们解释说，客人通常是年轻人，急于讨论自己的职业生涯或者他们将要开创或协助他人开创的新事业。早餐不会影响他们的日程安排，只要能在早上八点半之前赶到帕特尼（Putney），我们就认为他们一定想来见我们。我会先问一个问题：为什么考虑投身这类事业，或者准备承受多大风险？我从他们的回答中能了解很多。许多人会回答说，这看起来是个好主意。我就知道，他们不会真正地去尝试，或者即使去尝试也不会成功。

我们告诉这些年轻人在我们的研究中所遇到的炼金术士般的人的故事。激情是驱使他们前进的动力，他们对所从事的事业充满激情，这种激情支撑着他们度过艰难时刻，这似乎可以证明他们的生活是有意义的。激情比使命感或目标更有力量，我意识到当我提到这点时，也在与自己对话。充满激情的人可以填海移山，而富有使命感的人只能布道。

"您是怎么找到这种激情的？"他们问道。

"在梦中，"我经常这样回答，"我们都会在睡眠中做梦，但有些人白天就在构建梦想。这些人是冒险家，因为他们可以让自己的梦想成真。"我们大多数人都憧憬着自己可能成为什么样的人，做什么样的事情，创造什么样的奇迹。如果这种憧憬停留在模糊的层面，比如成为真正的富人、拥有幸福的家庭，或者只是追求幸福，那么这就只是希望，而不是真正的梦想。激情并不源自模糊的希望。

不久前，在抽屉里找东西时，我发现了 22 年前家人各自制订的新年计划。当时十几岁的女儿，曾下定决心不再制订任何计划。但我的妻子伊丽莎白写道："多花些时间在我热爱的摄影上。"当时她只是一名婚姻顾问，没想到三年后开始了长时间的摄影学习并取得了学位，也没有想到会成为一名出版了三本摄影书的备受尊敬的肖像摄影师。现在有人问她为什么在中年时才开始从事摄影工作，她会说："这是我一直想做的事情，当我是用老式的盒式相机的小女孩时就是如此。"

我很愧疚地说，22年前我只把她的激情当作一种爱好，没有做任何事情来鼓励她，但她的梦想和激情一直都在，只是在等待发芽的时刻。

在他人身上寻找激情，似乎比在自己身上寻找更加容易。我并不认为自己是一个充满激情的人，除了在舞台上扮演角色时，更多时候我展现出冷静、冷漠、害羞和犹豫的特质。尽管我多年来一直试图成为一个自己并不喜欢的商业管理者，但我怀有一个沉寂在内心深处的梦想，那就是写作。同时，我也发现自己内心深处一直渴望成为一名教师。因此，我觉得我的第一部出版作品应该是一本教科书，这似乎是水到渠成的事。我常常幻想着能够创作一部小说，甚至一部戏剧，但我知道自己无法做到，因为我对此缺乏激情，光有美好的想法是不够的。

有些人很幸运，很早就发现了自己的梦想。我经常羡慕那些在15岁时就知道自己想成为医生的人，或者那些在学校就喜欢创业的天生企业家。一个年轻的英国女子艾伦·麦克阿瑟，始于儿时的独自航行环游世界的梦想，在2001年成真。她独自在海上航行了94天后说道："我希望自己的举动将鼓励其他年轻人实现自己的梦想。"

但是，像我这样，梦想虽然曾经沉寂，却让我体验到了生活的多样性。对于未能成功的商业生涯，我并没有太多遗憾，因为在这条道路上我学到了很多宝贵的经验。我们的女儿凯特最初梦想成为一名建筑师，但因病放弃了建筑专业，转而经营起一家小公司。与合作伙伴发生矛盾后，她前往罗马教意大利人英语。就在那时，她终于实现了曾经沉寂的梦想——成为一名治疗师。经过四年的骨科学习，如今事业蒸蒸日上，她对自己的职业选择感到非常满意，从未后悔。她甚至感激自己曾经患过的病，疾病让她停下脚步，调整职业规划，也帮助她对病人感同身受。

有些人也会被自己的激情所困扰。在我受过可怕的学校教育之后，最不想选择的职业就是教师。由于偶然，在壳牌公司的工作让我成为一名教师，但是教的是愿意学习的成年人，而不是不情愿学习的年轻学生。我喜欢这份工作，我喜欢的事情往往会做得很好。因此，对于那些还没有燃起激情的人，我想告诉他们："尝试一切让你感兴趣的事，但在你真正热爱之前，不要让它成为你生活的全部，因为它不会持久。"

如果缺乏归属感和激情，是我作为跳蚤般的个体在新生活中遇到的两种预料不到的紧张情形，那么考虑到我的背景，第三种情形应该很容易被预料到，就是不断学习、成长和发展的需要。无论做什么，作为独立的个体，你只能做得和你上一份工作、上一个项目或创意一样好。

我曾经告诉一位作家，自己正在写一本新书，发现很难在新的领域提出标新立异的见解。

"真的吗？"他说，"我们大多数人写书都是换汤不换药，只不过是换个书名而已。"

我当时坚信这件事不会发生在自己身上，但结果真如朋友所说。重新阅读我写于 25 年前的第一本书，我沮丧地发现，后来出版的书中我所谓的很多原创想法，都在第一本书中以某种形式出现过。后来我想不应该感到太羞愧。如果一直在写同样的主题，那么不太可能频繁或彻底地改变自己的观点。我希望新想法与旧想法仍然具有相关性，但需要重新诠释，以适应新的现实，给读者提供新的见解、视角与经验的分享。

每种类型的工作都是如此。我们不期望外科医生来改变自己的专业技能，或者把研究的重心从胃转移到大脑上。我们所期望的是他们能跟上研究的进度，为研究做出贡献，更新诊疗流程，并对新的理念持开放态度。我自己也需要遵循同样的原则。

我在大象般的企业工作的日子里，学习是难以避免的。当时的学习是有组织且必需的，可以以各种方式参与。我参加过各种培训课程，但是大部分知识或经验是通过在工作中面对自己的错误而获得的。在学术上，我本应花费 20% 的时间，对自己领域的专业知识进行迭代，并在某种程度上进行增补；而事实上，我的进步更多地依靠同事对我研究的评价，而不是我的教学。在温莎城堡的研究中心，我的时间主要用于听取来自其他领域的专家意见，其中大部分很有趣，有些令人着迷，都与当时我的研究目的有关，即理解我们所生活的社会的困境。

现在，我享受着独立、自由、不受束缚的生活，可以自己掌控时间，我必须自己完成学习这件事，不会再有人替我支付学费。我开始阅读竞争对手写的所有东西。我发现，商业图书中通常充满了优秀的理念，但读起来往往枯燥乏味。我记得我曾给企业家的建议是，不要追求更好，而要另辟蹊径。我还记得，在法国南部的一个农舍里，撰写第一本关于理解组织的教科书的经历。当时车的后备厢里堆满了当时能找到的最好的商业图书，大多数是来自美国的学术教材。我发现这些书写得很晦涩，并不能回答我提出的许多问题。它们把人性简化为数字，把激情和欲望简单归类为各种需求层次。这种枯燥的文风让我感到十分沮丧，于是我放弃了继续写作，决定花时间去阅读农舍主人收藏的书。她是众多俄国伟大小说家的忠实粉丝。我发现托尔斯泰和陀思妥耶夫斯基对组织中个人经受的考验和磨难有更深刻的见解，超过了任何教科书。我的书后来受欢迎很大程度上要归功于托尔斯泰，它可能不比其他书写得更好，但肯定与众不同。

考虑到这一切，我决定自己一定要表现出与众不同，而不仅仅是做得更好，我需要走出自己的专业领域，以便获取新的见解和想法。正如我经常告诉企业的那样，真正的创新通常来自行业或公司之外；来自内部的创新大多只是对熟悉事物的拓展，而非真正能创造出新事物。我相信，对于所有想要与众不同而不仅仅是变得更好的人来说，这都是一个真实存在的问题。我们必须定期挑战自己，走进陌生的领域，才能以新的视角看待世界并发现新奇之处。

我偶然间阅读了一本由美国学者唐纳德·舍恩（Donald Schon）⊖所著的名为《概念的置换》（*The Displacement of Concepts*）的小册子。标题看似平淡，但阐述了一个重要观点。这本书讨论的是科学中的创造力。作者认为，许多科学领域的重大突破，例如相对论，都是通过借用生活中某个领域的概念，并将其作为隐喻应用到另一个领域取得的。通过这种方式，人们能够以全新的视角看待熟悉的事物，或者找到新的研究数据关联的方法，就像克里克和沃森发现 DNA 的双螺旋结构时所做的那样。

我决定停止阅读竞争对手的书，转而深入研究历史著作、传记和小说，以寻找生活的真谛。这些书充满了生活的元素，而生活正是我想要探索的主题。我经常去剧院看戏，这让我回忆起在伦敦商学院的早期岁月。让我汗颜的是，莎士比亚早已深刻描绘了人生百态。在伊丽莎白的鼓励下，我开始更多地了解艺术、歌剧和音乐，这些是人类的文化遗产，是过去我未曾有时间去探索的陌生领域。过去，我总是忙碌着让自己变得更好，至少要保持现状。我们夫妻俩共同制定了一项规则——在一个城市的美术馆或

⊖ 1930—1997 年，美国当代教育家、哲学家、美国"反思性教学"思想的重要倡导人。——译者注

博物馆参观结束后，就去当地一家餐厅就餐。我负责选择餐厅，妻子负责选择美术馆。尽管这么做可能让人发福，但学习仍然是一件有趣的事情。

国外也是学习的好地方。我们不是优秀的旅行者，我们相信只有通过生活或工作才能真正了解当地的文化，浅尝辄止是远远不够的。我的工作性质决定了我很少在一个地方停留超过一个星期，但即使在这么短的时间内，也能看到文化背后的本质。如果是出于工作目的而不是去观光，我们会受到不同的待遇。在过去的工作经历中，壳牌公司鼓励每个出国开会的员工抽出时间去欣赏歌剧或参加音乐会，漫步街头，最好能与当地人交流并接收不同观点。然而，在这个时间如此宝贵的新世界中，公司的高管们频繁往返于各地，很难抽出时间离开机场附近的酒店去外面观光。

美国、新加坡和印度为我打开了新的生活视野，意大利也是如此。我们曾在意大利度过许多时光，无论是出差还是旅行。这个国家在许多方面都与其他国家不同，虽然并非所有做法都是完美的，但其中有许多值得我们深思的地方。意大利人并不热衷旅行，他们认为自己的国家拥有所需的一切。无论是在食物、足球、艺术还是时尚方面，他们是自己文化的坚定捍卫者。在意大利时，有一次整个托斯卡纳地区举行了为期一天的罢工，原因是有人在佛罗伦萨的乌菲兹美术馆引爆了一枚炸弹，凶手至今未被找到。人们想要表达对这种恐怖袭击行为的愤怒。我很难想象如果伦敦的泰特美术馆发生爆炸事件，是否也会有类似的抗议。然而，这些意大利的文化拥趸者也是欧盟的热情支持者。他们认为，一个人可以既是意大利人又是欧洲人，可以从两者中汲取精华。尽管我也注意到，他们有时也会无视来自布鲁塞尔的许多令意大利人反感的指令。

也许是因为意大利作为一个国家而言历史较短，意大利人会更多地考虑自己所在的地区和家庭，而不是国家。我清楚地记得在罗马一次周期性的政治危机期间，一位意大利记者接受的 BBC 的采访。

"是的，事态很严重，"这位意大利人回答说，"但这并不重要。你看，"他继续说道，"我们生活在一个洒满阳光的黄金国度，无论罗马的政府是否运转，生活都将继续。"

也许他对于政府的命运有点儿过于冷漠，但我们可以从意大利人对村庄、城镇和城市的公民自豪感中学到一些东西。

这些差异还在不断涌现。

支撑意大利经济的中坚力量来自众多的小型家族企业。为何意大利人称之为家族企业，而英国人称之为"中小企业"？或许是因为意大利人期望企业能延续数代，而英国人的目标则是将其出售给更大的企业。英国人认为企业必须成长才能生存，然而许多意大利人坚信，即使不扩大规模，企业也能够更好地经营。

我并不是说意大利人总能洞察事物的本质，但透过他们的视角看世界会有不同的感觉，你会有不同的感受，并开始质疑先前认为理所当然的事情。

发现这些理念只是一方面，另一方面，我必须将它们运用到组织内部及生活中。回想起早年接受的死记硬背式教育，我意识到，随着时间的流逝不曾运用的知识会"蒸发掉"。曾经在课堂上认为已经牢记的法语动词，在到达巴黎时已经从脑海中消失得无影无踪。虽然收集碰巧遇到的有趣素材很吸引人，但我明白我必须加以运用，否则它们就会在我脑中消失。我经常发现自己在第二次阅读同一本小说时，直到读到一半才意识到自己曾经读过。

在我的学习过程中，写作、讲课和参加广播节目成为重要的一环，它们像是黏合剂，让我所获得的知识更加牢固。我喜欢在讲座中尝试新的概念或隐喻，如果它们听起来吸引人，我就会将其记录在我的书中。如果能让客户为你的学习买单，那么每个人都会受益。我的产品是一本书，但我坚信同样的原则适用于任何想要另辟蹊径而不仅仅是将事情做得更好的人。走进其他世界，去观察、倾听、探询，然后将所得转化为新的看待世界的方式，通过实践将新的理念融入自己的意识中。如果新的理念不能奏效，就迅速放弃，去别处寻找下一个理念。

我曾有幸受邀协助一家中型食品公司的新任老板，通过培训企业管理层，将公司打造成行业的典范。新老板或许期望我能设计出一系列的培训课程，但我已对这种教育方式感到厌倦。我向他指出，大部分课程往往只是在浪费时间。相反，他应该挑选出一小部分能被员工尊敬的骨干经理和主管，让他们体验不同企业或组织的管理实践。我向他保证，这样的设计至少能帮助他们打造出与众不同、引以为傲的企业。我提供了介绍英国顶尖企业的期刊文章，让每个人选择两至三家去参观，而我的任务则是协助他们获得参观机会。唯一的限制是这些企业不能属于他们所在的行业。管理者们积极行动起来，收集了大量新的想法，相互比较、交流，最终选定了最激动人心的做法，并为公司制订了未来两年的变革计划。这是我参与的最成功的企业教育项目，而我并没有直接传授任何知识。

后来，我在其他教育项目中也使用了同样的模式，我称之为"偷窥式学习"。也许，我们的内心都隐藏着一个偷窥狂。我怀疑自己和其他人一样，假装自己是潜在的房屋买家，整个夏天都在快乐地窥探别人的家园。人们的生活方式各有不同，但有些给了我们关于建设自己家园的灵感。我半开玩笑地称自己为组织的偷窥者。这是一种强大的学习方式，前提在于不要止步于此，还要将获取的想法付诸实践。

在新的独立工作中，归属感、梦想和学习成为我的新困境。在为组织工作的过程中，这些问题并不突出，但独立工作带来了新的挑战。独立工作后还有一个非常实际的困境，就是如何组织自己的工作和赚到足够的钱，同时平衡生活中工作和家庭的关系，以及兼顾伊丽莎白和我的需求。在本书接下来的两章中，我将深入讨论这些重要的困境。但首先，也是许多问题中的重中之重，就是在这个生命转折点上，我必须接受质疑。

独立的自由是诱人的，无论是经营新的小生意还是出版一本书，将自己的名字与某事联系起来需要一定的勇气。多年来，我有时会被邀请，在BBC的《今日》（Today）广播节目上分享自己的想法。节目的初衷是对当天的某个问题提出宗教或道德上的讨论。大约有四百多万名听众定期收听这个早间的新闻和时事摘要节目，虽然人们收听时有一半的注意力在早晨的家务上。被邀请参加节目时我受宠若惊。当时的政客们如果能获得在这个节目中进行三分钟的连贯演讲，向听众表达观点的机会，会放下手中的一切事务来参加。然而，我不得不同意一位好朋友的母亲对她说的话："你的朋友查尔斯，有什么权利在我们吃早餐的时候未经允许把他的观点强加于人？"

在发表署名文章或站在讲台上对着数百人演讲时，也要面对相同的状况。或许你会思考，为何要这么做呢？我曾与那些愿意公开表达观点的人交流过，他们都感到每次这样做就像在绷紧的钢丝上行走，一边要展现自信，一边也在担心，为何会有人愿意聆听你的讲话或阅读你的文章。我安慰自己，这是一个自由的空间，任何人都可以关闭收音机，放下书或离开会议场地。然而，当开始做这些事情时，确实需要挖掘出充分的自信，换言之，当事人要有一些自负才行。

经验告诉我，那根钢丝始终与你相伴，失去它我反而会感到焦虑。适度地怀疑自己的自信，能让人保持真实。我出身于传教士家庭。也许，传教士们认为自己是按上帝的旨意来传播自己的信仰。我对此有不同的见解。对我而言，这更像是"必须做你必做之事"，换言之就是要按照自己相信的解释并生活。无论你相信与否，在谎言中生活都不会令人满足。

在我们第一次造访意大利时，我被文艺复兴早期的艺术品和建筑深深震撼。这些绘画和雕塑不仅美丽动人，而且蕴含着明确的寓意。过去，上帝和他的圣徒一直是所有艺术作品的主题，然而，在新的艺术表现形式中，上帝被人类——真实的普通男女所取代。多纳泰罗[⊖]的雕塑也许刻画的是圣徒和先知，但他们显然是真实的人类形象。只需去看看在佛罗伦萨大教堂博物馆里的抹大拉的玛利亚（Mary Magdalene）的木雕像，或者在同一个地方，看看米开朗琪罗临终前才完成的雕刻作品《圣殇》，就能明显感受到基督被描绘成了一个死去的人而非上帝。

无论如何，它比纯粹的说教更加直接与有力。被周围伟大的艺术作品感染，我久久不能平静。我更喜欢探讨内心隐藏的人生的可能性，而非我童年时代父母信仰的宗教，但二者传达的信息是相同的：人不能逃避对自己的责任，不能让自己那些未被发掘的潜力白白浪费。勉强度日，仅仅生存，是远远不够的。文艺复兴时期的哲学家马尔西利奥·费奇诺曾言：人类的灵魂是永恒的。他的所有作品都在鼓励人们实现更强大的自我。

虽然妻子说已经忘记，但我记得结婚后不久和她的一次交谈。当时我在伦敦的壳牌公司做培训企业管理人员的工作。

"你对自己的工作感到自豪吗？"一天晚上她问我。

"还可以，还行。"

"跟你共事的人呢，他们有什么特别之处吗？"

⊖　1386—1466 年，意大利文艺复兴时期雕塑家、画家。——译者注

"还可以。"

"那么，这个壳牌公司，真的像人们说的那么好，在做一些善事吗？"

"还可以，我没什么好抱怨的。"

她紧盯着我，然后说："我认为自己不会希望把余生托付给一个只求过得去的人。"

这是妻子发出的最后通牒，过了一个月我就从壳牌公司辞职了，但那段对话始终萦绕在我的耳边。我同意，人生处在仅仅是"还可以"的状态远远不够。我们只有一次生命，需要在世界上做更多的事情，而不仅仅是谋生而已。但要做什么呢？归根结底，生命的意义又是什么？这个问题始终困扰着我。

Chapter 8

第八章

重构工作模式

在我刚开始自由自在工作的前几周，有一种奇妙的快乐，就是看着一本空白的日程表，意识到我可以自主安排假期或个人活动，而不需要事前征求同事的意见。我记得有一天下午出去购物，我感觉自己像个正在逃学的心怀愧疚的学生，因为这是我以前在工作日从未做过的事情。同样令人感到奇怪的是，我发现居然有很多本应在工作的人也在做同样的事。我突然想到，为什么平日总是有那么多人看赛马比赛呢？这些人不可能都是退休的人，也不会是失业者，因为他们没钱看比赛。

也许总是有人过着像我这样全新的生活，只是我从未有机会见到他们。那年的晚些时候，当向一群高管谈论我的组合式生活方式时，其中一位似乎持怀疑态度。

"你说的那些所谓的组合式工作的人在哪里？"他说，"我早上在韦布里奇 8 点 10 分乘火车时一个都没有看到。"

"不是这样的，"我回答，"从事组合式工作的人很少需要在拥挤的交通高峰时段乘车，所以在上班通勤的时段看不到他们。"

现实早就如此。我们所见的世界，常常是内心所期望的。人们会阅读支持自己观点和偏见的报纸，和志同道合的人一起工作和社交。我们大多数人不会去镇上的另一边，或者在火车上和陌生人交谈。我们只是通过看电视上的传奇故事来了解别人的生活。在摆脱办公室工作的束缚之前，我对世界的看法往往受到未经验证的刻板印象的影响。随后，我发现还有另一个世界，我完全不需要每天早上去办公室或工厂上班，自己制定时间表安排优先事项，将各种方式组合进行有偿工作和其他工作，日常生活不会受到会议和上级的支配。多线程工作并不是管理学中时髦的新概念，而是普通人的真实生活。这种体验令人兴奋，耳目一新。

"你终于明白了，"伊丽莎白说，"大多数女性一直过着多线程的生活。你可以称之为组合式生活，但我称它为真实的生活。"

然而很快，我发现空闲的日程并没有给我带来快乐，反而让我感到担忧。原本的愉悦变成了恐慌。我开始意识到，组织可能会带来一定的束缚，但它们也有巨大的优势，那就是能够将工作推送给你。无论是通过电话、传真、电子邮件，还是在会议室，甚至是在走廊与同事的偶遇中，组织都会将一系列的任务、机会和挑战送到你的虚拟"文件筐"中。在组织中，我大部分时间都在处理"文件筐"中的工作。尽管在组织中的大多数时候未能实现，但我一直渴望超越常规，去做别人未曾想到或不敢尝试的事情。

既然不想按部就班，那么现在我的机会来了，现在那个"文件筐"里面是空的。没有邮件、电话、会议和截止日期，什么都没有。我发现，没有做事最后期限的生活，不会考虑做事的优先级。没有做任何事情的压力，自己设定的最后期限很容易被修改或放弃。我开始觉得自己不被需要，就好像我并不存在一样。我在自己早期出版的一本书中指出，角色的不足往往比角色过载的压力更大。现在我自己发现这有多么真实。狄更斯在心情不好的时候会步行 15 英里，但我太懒了，所以并不会这么做。"这就是失业的感觉。"我想到这一点后，把这种感受记录下来，以便将来在工作中用到。我本可以去职业介绍所登记求职，但我没时间再去组织内工作，至少没空去做它们可能提供的那类工作。

现在是时候将我在原来安全的工作岗位上总结的理念付诸实践了。我相信，工作是生活的基本组成部分，人都应该工作。在新生活中，我发现缺乏工作的生活失去了意义。我曾误认为只有有偿工作才算工作，但这种想法忽视并贬低了其他形式的工作和从事这些工作的人。这种狭隘的工作定义将社会的经济需求置于人们生存的其他目的之上。我和所有人一样喜欢钱，它对人来说很重要，特别是在贫困时期，但钱不应该是生活的全部意义。我认为对工作的定义正在扭曲着社会。我希望通过强调其他三种工作类型来纠正这一点，这些工作虽然人人熟悉，但大多数人要么视其为理所当然，要么认为不重要。明智的生活方式应该包含这三种类型的工作，并构成均衡的工作组合。

以家务为例，我指的并不是学校布置的作业，而是家庭中开展的所有工作，包括烹饪、清洁、照顾和抚养下一代、维修、园艺、开车等。有些人雇用外人来完成这些任务，但是花费不菲。在伦敦，一名住家保姆可能会想着有自己的房间和汽车，再加上 2 万英镑的工资。我乡下的邻居每年支付给园丁 2.2 万英镑，并称很值。保洁公司可以定期提供保洁服务，厨师会准备三餐，还有人会提供遛狗、换灯泡和开车的服务。父母年纪渐长怎么办？很多养老院可以接收他们，当然也需要不少开支。每年花费10万英镑，将所有家务交给外人很容易，这对社会经济和就业增长的统计数据也有帮助。

然而，大部分人大多数时候都是自己做家务。而在这些人中，大多数无疑会是女性。她们渴望通过取得收入获得社会的认可，不一定以发放薪水的形式，也可以通过税收优惠等方式。尽管这可能不会发生，因为成本太高，但无人能否认家务是工作中极为重要和有价值的部分。因此，它应该被列入官方统计中的工作范畴，因为不被计算的事物往往会被人们忽视。家务的回报主要体现在人们相互间的感激和爱，以及共同创造和维护家庭的归属感。在动荡的世界中，家庭是人们的安全港湾。虽然这些回报是无形的，但在拥有时却是值得珍惜的。很少从事家务的人，无论男性还是女性，都会错过一些重要的体验。组合式工作，也就是跳蚤般的独立生活，给了我们机会平衡好工作与家务之间的关系。

公益工作也是我们免费要做的工作，但这是在家庭之外的社区或整个世界开展的。调查显示，我们大多数人都会在人生的某个阶段做这些工作。有些人通过参加公益组织进行工作，有些人则采用非正式的方式。并不是每个英国人都知道，海边的救生艇都是由志愿者义务驾驶的，山区的义务救援队伍也会冒着生命危险去拯救其他人。不太引人关注的是，那些在市民咨询处工作，为老弱病残者提供上门送餐服务，以及为无家可归者服务的志愿者，都是在用生命的大部分时间来义务帮助不幸的人。这样的例子还有很多，包括教堂、慈善商店、青年俱乐部和志愿者支持团体，都在免费进行工作，仅英国就有大约25万个志愿组织或慈善机构。

大多数情况下，我发现公益工作是最令人满意的。我选择从事这些工作，并不是为了赚钱，也不是因为被人要求去做，而是因为相信它的价值。

然而，我决定放弃那些没有实际贡献的公益工作，因为这些工作更多是为了从所服务的组织那里获益，而不是为了给组织带来好处。曾经我被组织的头衔所吸引，加入了一些知名的组织，但大多数时候，我恐怕只是占着委员会或理事会的位置，并没有真正开展工作。当我意识到这些组织并不是真正发挥才能的地方，最终在各种会议中感到无聊和厌倦时，我决定辞职。

短短一天内，我写了七封辞职信，然而只收到三封回信，确认了我的离职并感谢我为它们所做的工作。其他组织要么没有注意到我所做的贡献，要么只是很高兴摆脱了我。我决定采取更明智的做法，专注于做擅长的事，而不是让自己处于被动的境地。太多人将加入志愿组织视为机会，做没有人愿意付费让他们去做的事，比如在志愿组织中主持委员会工作或管理财务。我决定只提供写作、演讲或倾听他人心声的服务，这样就能充分发挥自己的长处帮助他人。

我们还有学习的任务要完成。如今，终身学习备受推崇，但实践者却寥寥无几。然而，在瞬息万变的世界中，我们不能仅凭过去的知识来迎接未来。当我踏入学术领域时，有人告诉我，每周要花一整天的时间进行研究，并根据领域内的新知识或新思想来评估研究工作。仔细思考后，我不禁要问：为什么这种做法不能推广到所有希望在商业中保持竞争优势，或在行业中坚持最佳实践的人呢？

对许多人来说，为了跟上专业领域的发展趋势，将 20% 的时间用于学习可能有些困难。因此，我建议至少留出 10% 的时间，或者每年利用 25 天，以某种形式进行学习。对于所有管理人员或专业人士来说，这是十分必要的。其中一部分学习可以合理安排在业余时间完成。10 年前，企业管理者每年平均只利用 1 天的时间进行正式学习。很少有企业管理者有时间或精力去阅读书籍、专业期刊或参加会议。许多组织更愿意将对行业的前瞻性思考交给自己的研究部门或规划部门来完成，但产生的新思路很少能影响组织主要决策者的思想和心智，从而导致组织在后续的竞争中落后。

作为独立自主的跳蚤般的工作者，我深知成功只能靠自己努力。我意识到，要想持续赚取报酬，学习是必不可少的。对我来说，学习的重点将放在写作的工作上。大多数作家，包括小说家在内，都会花费大量时间进行研究和学习，可能是实际写作时间的三倍。

当我开始新生活时，我回到乡下进行写作。我和妻子可以眺望一片玉米地，看着随着时间的推移，土地从棕色变成绿色再到金色，令人心旷神怡。但令我们沮丧的是，每隔 5 年农民会改种甜菜或豆类，这看起来一点都不令人赏心悦目，甚至有一年地里什么都没种。我们对农民说，以现在的化肥技术，轮作的方式无疑已经过时了。"土地也需要偶尔改变种植作物的种类，这样才能有活力，地力才能加强，"他说，"还需要一些休耕时间来让土地真正休养生息。"

我认为组合式工作也应如此，这种工作的一大乐趣就是能采取轮作的方式进行。我还发现，通过一些休闲时间的调整，学习和工作的效率也得到了极大的提升。如果我写的文字过多或写得过快，第二天往往需要全部重写。有时晚上读书过多，我也会发现需要稍后再重新阅读。有些日子我会专注于阅读和写作，有些日子则选择静坐沉思，甚至有时候只是静静地放空自己。向忙碌的世界解释这种做法，确实可能会遇到困难。

每天都有一位当地的农民开着拖拉机从田里经过。他会挥手致意，我会从椅子上抬起头来，挥手回应。有一天他停了下来。

"你整天坐在那里，却过着很美好的生活。"他说。

"这就是我的工作，"我说，"这是我赚钱的方式。"

"要我说，这份工作真是有些奇怪。"他哼了一声，然后重新启动了拖拉机。然而我知道，晚上他会关注农作物价格或者最新的欧盟补贴情况，或者翻阅订阅的农业杂志，了解新的农业机械或种子品种的信息。但他不认为这是工作。对他来说，体力劳动才是工作，对我而言，体力劳动是用来保持头脑清醒和身体健康的一种"运动"，为真正进行写作做准备。

这四种工作类型的组合比例，会在人们的生命周期中发生变化。30多岁时，有报酬的工作在我的生活中占据主导地位，这让妻子感到非常沮丧，因为她几乎承担了所有的家务。15年前，我一直在学习和工作。到了晚年，听到退休人员说他们从未如此忙碌是很平常的事，但调查后会发现，他们通常将其他三种类型的工作替代了原来的有偿工作，并发现这些工作同样会令人满足。然而，不必让生活阶段决定我们的工作组合，我们可以创造自己的工作组合，平衡这四种不同类型的工作。我现在是自由的，没有退休，没有工作，没有生病或不适。如果存在一个人有能力将我的理论付诸实践，那一定是我自己。

我和伊丽莎白坐在一起制定了一个合适的组合，这是我独自无法做到的事情，因为结果不可避免地会影响她。毕竟，她还得考虑自己的工作组合。

我们决定每年将100天用于学习和阅读，为后期的写作做准备。这将成为我所有有偿工作的基础。留出充足的时间创作至关重要，仅凭过去的经验进行创作存在较高的风险。我听说过关于我的某位同事的事，有些人已经可以将他的演讲倒背如流，因为重复听的次数太多了。

我也不能指望通过这种学习的积累，依靠写作图书来真正赚钱。我知道，大多数书在几年内的销量不到5000本。况且，即便我能找到出版商，至少也要两年后才能出版新书。"别自欺欺人了，"我的第一个也是唯一一个出版代理人说（当我告诉他我要放弃在企业的工作时），"如果你每年能从写作中赚到一万英镑，那就已经非常幸运了。"

20年过去了，我感到自己非常幸运。我找到了两家出色的出版商，它们对我给予了很好的支持。其中一两本书的销量甚至超过了我预期的5000本，但我仍然不能指望未来的作品也能取得同样的成绩。我把写作视为研究工作，而任何写作的收入都只是额外的奖励。

我意识到，想要真正赚取收入需要寻找其他途径。像许多曾在企业高层任职的人一样，我考虑过从事咨询工作。我相信，即使无法提供管理技能，仍然会有人愿意听取我的建议。回想起来，我也曾是一家企业的高管，并且有几年教授管理课程的经历。然而，寻求我咨询服务的客户并不多，唯一签约的客户交付的结果也并不理想。我的一位受人尊敬的朋友，某个大型慈善机构的首席执行官，曾邀请我协助重组他们的管理团队，但他的反馈是我的工作并未取得预期效果。

"说实话，"他抱怨道，"我想把管理团队都处理掉，但在一个慈善机构中，这并不容易。你看看能做些什么。"我花了几周时间全心投入这个组织进行调研，尽量与内部和周围的人交流，包括董事会成员。虽然结论令人沮丧，我却觉得无可逃避。问题出在我的朋友身上，他是一位才华横溢的智者和演说家，但在管理和领导上却麻木不仁。该机构内的人一致认为，"他通过远程遥控的方式管理组织。我们不知道他到底在想什么，已经无法再信任他，也不再对他的决定有信心"。

我尽量温和地向朋友说明了这种情况，并建议他采取一些措施来挽回自己的声誉。然而，这些建议并没有起到作用。他愤怒地拒绝了我的分析，导致我们在董事会上爆发了激烈的争吵。我记得当时我对他们说，信任就像一块玻璃，一旦破裂，无论多么努力地去修复，都无法恢复到原来的样子。这番话很残酷，结果也是致命的。他当晚就辞职了。从那以后，我的这个朋友再也没有原谅我，也不再和我说话。我失去了一个朋友，也无法确定我的做法是否真的帮助了这个组织。于是，我做出两个决定：一是再也不会将朋友作为客户，二是再也不试图在组织中扮演上帝的角色。我意识到，咨询工作可能并不是我的强项。

接着是一个认识自我能力范围的例子。作为赚钱技能，我最擅长的就是教书，特别是教授企业管理者。虽然这意味着回到我曾经离开的领域，但这是养家糊口的有效方法。这样我才能自由地去追求真正热爱的事情——写作。选择组合式工作的人常常需要在生计与理想之间找到平衡。我记得曾经遇到一位女士，她说自己在写电视剧剧本，我对此表示钦佩。

"哦，我的剧本都还没有上映过。"她说。

"那你靠什么生活呢？"我问道，我总是对别人的生活很好奇。

"我在星期天包装鸡蛋。"她微笑着回答。

在她看来，挣钱的方式并不是她的真正工作。

对我而言，这是一段极为重要的对话。在我的成长过程中，我一直认为工作必须满足所有需求：金钱、成就感、陪伴、创造力，甚至是理想的工作环境。因此，我常常感到失望。然而，现在在我组合式的职业生涯中，我开始意识到可以将工作分解开来：可以为了收入从事一些工作，也可以出于其他原因选择不同的任务。那位女士是出色的鸡蛋包装工，而我曾是优秀的教师。我应该充分利用自己的才能，赚取所需的收入。同时，我也意识到，自己应尽力做到最好，收取合理的费用，以便在尽可能短的时间内获得收益。那位女士只在周日包装鸡蛋，而我则需要承担更多的有偿工作。

如果订单充足，伊丽莎白和我计划每年安排 150 天用于有偿工作，这段时间涵盖所有为有偿工作的准备、管理、营销以及出差。实际上，我能用来赚钱养老的时间最多只有 50 天，因此希望这段时间能充实而忙碌。接下来，我们还将投入 25 天进行公益工作，这大约占我有偿工作时间的 10%。剩下的 90 天则用于处理家务、度假和休闲，我承诺将尽力为家庭贡献一份力量。

"90 天的闲暇，"一位朋友这样说道，"你们为自己创造的美好生活方式还真不错。"我们回应了他的调侃。大多数人每年都能享受 52 个周末，外加 8 个公共假期以及至少 15 个休息日，总计达到 127 天。而与大多数人不同的是，我们将所有未分配的时间聚在一起。这是因为我们计划将日常生活与工作分开，摆脱传统工业社会对时间的束缚，以自由的方式重新安排生活。我们意识到，如果在家工作，会陷入全天候工作的模式，容易形成一种 7 天 × 24 小时工作的生活方式。为了防止出现这种情况，我们计划每周日休息一天，预留出 40 天的时间，每年安排 4 次假期，每次为期 10 天。

"但是你们只给自己半年的时间来赚钱。"当解释我们的计划时，另一位朋友的反应是这样的。

"我们希望尽可能少地做有偿工作，"我们说，"以便留下最多的时间来做其他工作。幸运的话，这种工作只占我们时间的一半就足够了。"

"够了吗？"她惊叹道，"你怎么知道什么是够？你肯定永远都不会觉得钱太多。"

"我快 50 岁了，"我回答说，"在人生这个阶段，可以猜测出未来还需要花多少钱。如果幸运的话，写书的版税可能会提供一点额外的收入。没有必要赚太多超出我们需要的钱。

"我认为你的钱永远都不够，"她说道，"如果有富余的话，你可以留给孩子们或者买些奢侈品。"

"我不赞成溺爱孩子，但真正的问题是，如果花更多时间赚钱，就会没有那么多时间去做自己真正想做的事情，对我来说是写作，对伊丽莎白来说是摄影。我们不想成为金钱的奴隶；事实上，设定的生活需求水平越低，就有越多的自由去做其他事情。金钱并不会带来自由，实际上有可能会将你禁锢在工作之中。"

她摇了摇头，转身离去。然而，从那一刻起，设定年度收入额度的想法便成了我们生活的基石。作为一个谨慎的人，我总是小心翼翼地将额度设定在舒适的水平，我对自己在规定时间内达成这一目标充满信心。收入也类似于组合式工作，并非所有人都能收到一张全额到账的支票。对某些人而言，可能会有养老金，或者来自储蓄和遗产的利息，我称之为"躺着就能挣的钱"。我并不拥有这两者，但在曾任职的商学院，我有一份稳定的兼职教学工作，这为我提供了一个安心的起点。此外，偶尔发表的文章、新书预支的小额版税、几次公司的培训，以及偶尔受邀参与的电视广播节目的录制，都可以产生收入。

所有这些收入加在一起刚好够用，尽管我不安地意识到，自己并没有为我们的老年生活或收入要缴的税做太多准备。当我在企业中工作时，这些通常是从工资中扣除的。从事组合式工作的人必须牢记，现在的收入是毛收入，而不是净收入。你其实并没有想象中的那么富有。我的会计告诉我，当超过60岁时，可以将40%的收入免税划入养老金计划，这可能让你感到高兴。事实虽如此，但首先我必须挣到额外的40%的收入，而且仍然有大约30%的税要交，现在还要提前缴纳。换句话说，我最终必须挣到至少比自己需要的多 70% 的收入，才能享受这种税收优惠政策，那独立的乐趣没有了。但令人感到安慰的是我有很多种赚钱的方法，如果其中一种出了问题，我仍然可以生存下去，没有一种方法是无法取代的。

尽管如此，在最初的几年里，我依然过着紧张而精打细算的生活，面临着独立工作者普遍的困境——如何有效地展示自己的可用性与技能，以及合理地定价。我是在牧师宅邸长大的，那里鲜有谈及金钱，宣传自己更是被视为一种自夸。我不禁思索，其他的独立工作者是如何应对的呢？例如，演员、音乐家、体育明星和时装模特？我逐渐意识到，他们往往会花钱雇用他人为自己宣传。实际上，我自己也有一位写作经纪人，但显然我的作品并不值钱。

伊丽莎白再次拯救了我。虽然我愿意随时去任何地方演讲或教学，但开始时我很绝望，因为我常常只能拿回交通费和一枚象征性的镇纸作为礼物，这让她很恼火。她亲自担任我的经纪人，坚持为我提前协商所有事务。事实上，她还写信给最近几次演讲活动的组织者，对我忘记事前协商演讲费用表示歉意，并提出立即支付我的费用，而对方都毫无异议地支付了费用。我对自己刚刚踏入的这个世界一无所知，不知道在商务晚宴上演讲可以收费，但是我很快就找到了门道。

尽管没有受过商学院的熏陶，伊丽莎白却本能地知道要做什么。她会专注于我的有偿工作，即便面对的是各种各样的客户，但模式都差不多。

她说："你需要被打造成一个品牌。"

"你是从哪里学到这种营销术语的？"我问道，"你一定读过一些商业书。"

"这其实是一个常识。人们在邀请你演讲或授课时，渴望了解你的立场和观点，以便理解他们为何要为此付费。只有当我为你所做的事情感到自豪，并且意识到你在某种程度上是独特的时，我才能够真正地为你代言。

如果你愿意，可以称之为声誉，你需要建立声誉并把它维护好。"

把自己打造成一个品牌，这听起来有点儿奇怪。但她是对的。从事组合式工作的人不能，也不可能迎合所有人。如果他们想要在竞争激烈的市场中脱颖而出，又不支出巨额的广告或公关费用，就必须在某个方面表现出特殊之处。对于独立人士来说，声誉就是一切。

尽管如此，还是有必要做一些营销工作。世界需要知道你的存在。一些刚开始独立工作的人会寄送宣传册，有些人向他们能想到的人分发简历，其他人则招待潜在的客户，希望慷慨的宴请能带来回报。但我认为这种做法就像在岩石上播种，收益堪忧。我们邀请了许多朋友和熟人来吃午饭，只是想让大家知道我们从那个有着温莎城堡的地方回来了，希望他们能问我以后打算做什么。他们常常以为我已经退休，这个词是选择组合式工作的人不愿意听到的。"一定要确保你每天早上能起床。"其中一个朋友建议道。我意识到，这里并没有多少有偿工作的机会。

但在闲聊中，我确实也将其中一些种子传播到了更远的地方。电话终于响了，邀请函也到了，遗憾的是，大多数邀请对我来说都非常不合适。"这对你的名誉不好。"伊丽莎白建议道，我还没来得及发起抗议，她就拒绝了邀请。看着那些拿到手的邀请，要放弃并不容易，但她是对的，这么做建立了我自己的声誉。

我感到非常幸运。如果作者写了一本书，出版商会通过安排采访和宣传活动，邀请你为新书进行推广。在这个过程中，宣传自己和个人品牌是不可避免的。无论选择何种方式，成果的显现似乎需要两年的时间，因为最终，只有口碑极佳、获得众多满意的客户或成功的项目才能被视为真正的成就。这是一种为未来播种并耐心等待的方式。

我将这些称为运气，但我们往往是自己运气的创造者。我曾告诉学生们，苹果是否会掉落在脚边是无法预测的，然而如果我们走进果园，站在树下，偶尔摇晃树干，苹果掉落的可能性便会大大增加。出版商并不会主动邀请你写书，因此必须主动出击，先行创作，必要时甚至可以选择自己出版，就像伊丽莎白为她的前两本摄影集所做的那样。通过这样的努力，你便已踏入果园。

我的独特有偿组合式工作别具一格，旨在展现我所能掌握的多项技能。然而，这种工作细节或时间安排并不能成为固定的模板，因为每个人的组合式工作生活各不相同，这正是其魅力所在。许多企业的前高管成功转型为各类咨询顾问，而其他人则担任了非执行董事的职务。那些拥有多余资金的人，选择投资小型初创公司，他们的经验与投资同样为企业发展提供了帮助。我们的孩子们从小便选择了组合式工作。我们的儿子无意识地走上了演员的道路，虽然他明白演艺事业难以满足对生活所有的需求；女儿则有意识地选择成为整骨医生，她渴望多样化的生活，将整骨工作限制在每周三天，以便为其他创造性活动留出空间，这是一种独特的平衡工作与生活的方式。

组合式的生活可能对组织中的人来说是一个新概念，但对于那些从未在组织中工作过的人来说，这根本不是什么新鲜事。这样的人比我们想象中的要多，因为他们往往伪装成组织而不是自雇人士。在英国，超过60%的注册企业没有雇员，只有老板自己。这些如跳蚤般的企业中有一些会成为真正的炼金术士，建立起自己的新组织，但大多数不会，他们是伪装成企业的组合式工作的人。约翰·史密斯联合公司通常只有约翰·史密斯一个人。

此外，还有小农场主、工匠与手工艺人、家具修理工、出租车司机、摄影师、民宿经营者、小时工和园丁，以及越来越多从未听说过的，如

"组合式生活"这种新兴概念所定义的自由职业者。他们深知，赚钱的途径多种多样，每个人都需要对自己的命运负责，任何个人或组织都不应，也无法主宰自己的生活。他们明白，时间是需要自己管理的，尽管管理得并不尽如人意，但知足常乐的心态很重要。即使从未明确定义这一理念，但声誉对于未来的工作至关重要。这些构成了组合式工作思维与跳蚤般的生活方式的核心。

　　并非所有的独立工作者都是自愿选择这种角色的。通常当组织裁员时，这原本是他们不愿面对的选择。事实是，即使运作良好的组合式生活也并非一帆风顺。广告企业高管出身、成功转型为组合式工作者的温斯顿·弗莱彻（Winston Fletcher），兼顾有偿工作和志愿工作、咨询和非执行董事职务，他很好地总结了这种生活："组合式工作者受雇于自己。这令人感到愉快和受宠若惊，但也意味着你不能让替补人员上场。每场比赛都必须亲自下场，做好准备并保持良好的状态……与在组织中的工作相比，这是一种略显孤独的生活。组合式的生活意味着永远在不同的地方奔波……你对会议的日期或时间几乎没有控制权……组合式工作的雇主一般不提供办公室或秘书。在如今笔记本电脑、电子邮件和传真机普及的时代，你可能认为这些无关紧要，但它们确实重要。"他还提到，最重要的是，对于那些习惯于在组织中担任管理职位的人来说，权力变成了影响力。"你不负责管理任何你参与的项目……这一切都略显空虚。组合式工作提供了很多值得骄傲的机会，但很少有展示个人抱负的空间。"

　　你不必像温斯顿·弗莱彻那样，专注于建立一个以咨询为主的组合式工作。然而，他所强调的道理却是值得深思的：从事组合式工作的个人，往往很难管理规模较大的组织，他们确实是用权力换取了影响力。就我个人而言，这种转变让我感到无比轻松，正如弗莱彻所言，这种状况常常令人感到受宠若惊。我不再因担心将错误的任务委派给不合适的人而辗转反侧，也不再为无法完成授课课时或无法达成预算目标而忧心忡忡，甚至对温莎城堡那座古老建筑因某人不慎乱丢烟蒂而付之一炬的恐惧也已不复存在。相反，当我被邀请在名人云集的场合发言时，我清楚这份荣誉源于我的个人魅力，而非某个组织的名号。

然而，对于那些用影响力换取权力的人来说，最令人感到荣耀的事情莫过于看到自己抛出来的想法，被一些素未谋面的人拾起并加以运用。我曾经收到一封来自世界另一端的信，信封上没有回信地址，所以我无法回复，信中只说了一句："谢谢你的书。它们给了我希望，改变了我的生活。"对我来说，那封信比宝石还要珍贵。永远不要低估影响力的作用。在20世纪最有影响力的人物名单中，西格蒙德·弗洛伊德、阿尔伯特·爱因斯坦以及最近创建了万维网的蒂姆·伯纳斯 - 李必定会出现。这些人没有权力，但他们对人们思维和生活方式的影响将持续存在。被英国人民选为上一个千年的英雄的人是威廉·莎士比亚，一个精通文字，但无权无势的人。

当然，并非所有的反馈都是积极的。有些奇特且带有侮辱性的信件评论你的贡献是"一堆旧垃圾"，还有人巧妙地称之为"长篇的自我吹捧"。如果你勇敢地通过写书来表达自己的想法，自然会有书评可读。然而，那些书评往往让人难以言喻。所有的作者、演员以及其他表演者都声称自己不去阅读相关评论，实际上，他们会屏住呼吸，默默地阅读。他们会忽略赞美之词，将每一条批评铭记于心，会隐约意识到这些批评或许相当准确。对于出版商而言，所有的书评都是好书评，因为有书评就意味着你已经引起了读者的关注，他们并不需要去仔细阅读这些书评。

我的一本早期著作在《经济学人》上收到了一篇严厉的评论。我感到很不安，于是打电话给我的出版商。

"你在说什么？"她问道，"评论旁边居然还有一张你的照片，这在那本杂志上几乎是不可思议的，真是太棒了。"然而，我对此不以为然。我现在依然能逐字逐句地回忆起十年前一位评论家尖锐的评语。那是刊登在爱尔兰《会计师杂志》（*Accountants' Journal*）上的一篇评论，虽然这本杂志并非全球阅读量最大的读物，但对我而言，其重要性不言而喻。那位评论者恰恰抓住了我的致命弱点。为了治愈我内心的创伤，妻子伊丽莎白特意安排我在都柏林的一家酒吧与这位评论者见面。

"你应该看看我写的评论原件，要是发表了，你的律师一定会找我打官司。"他一边打招呼，一边从口袋里掏出了原件。他自己也是一个郁郁不得志的作家，愤怒于我明显次等的作品被刊登而他的却没有。一个幽灵被消灭了，但多年来还有许多其他幽灵在游荡。

残酷的现实是，依靠自身能力谋生的人，不仅要做好承受伤害的准备，还要准备接受奉承的考验。独立生活，尤其是作为"自由职业者"（这一术语最初源于战争中的自由战士）的独立生活，注定是一种开放的生活。这种生活确实需要自信，即使反馈以批评或谩骂的形式出现，也要有从中学习的意愿。此外，拥有理解客户需求所需的敏感性，往往意味着内心脆弱，容易受伤且愈合缓慢。生活中没有什么事情是不需要付出代价的，但就我个人经历而言，组合式工作带来的自由，足以弥补这些伤痛带来的痛苦。

尽管我赞扬组合式工作的诸多优势，但一开始确实可能令人望而生畏，这不仅需要一定的销售技能，还需要你能够有效地推销和定价，或者找人来为你做这些事。大部分的组合式工作确实是孤独的，虽然我的经历更像是一连串的短期亲密关系，类似于船上船员的友谊，在相处的时光中关系非常紧密，但当下一艘船到来时，那段情谊很快就被遗忘了。话虽如此，我还是很幸运。我和代理人兼经纪人生活在一起，这不仅消除了孤独感，还将代理费用合理留存，做到了肥水不流外人田。

我们中越来越多的人终将不得不面对这种生活方式的转变。无论是商业组织还是非商业组织，均在不断缩减核心管理部门的配置，同时扩大其业务范围与规模。为填补空缺，组织将引入所需的服务与专业知识，这些大多来自专业服务公司，当然也有不少来自个人。核心管理部门需要愿意投入时间与精力的年轻人，以适应全球化及 24 小时运营的需求。虽然组织仍需年长者的参与，但人数不会太多。越来越多的组织将形成类似军队的金字塔形年龄结构，底层由众多年轻且充满激情的人构成，而塔尖则是少数智者的天地。就像军队一样，这些组织将成为许多人职业生涯的起点，为他们迈向跳蚤般的自由职业生涯铺平道路。

对许多人而言，组合式的生活开始时可以通过提前领取养老金，或者通过作为独立人士与组织签订合同来获取一定的保障。这种生活很少出现退休的概念。对于从事组合式工作的人来说，没有工作停止的日期，只有工作组合类型的细微变化，包括更低报酬的工作或更多其他类型的工作。当你问从事组合式工作很久的人他们在做什么，他们肯定会用一大段话来回复你。即使现在的大部分收入来自养老金或存款，他们也不会认为自己已经退休，就像我从未听过某位女士说自己已经退休了一样，因为她总在家庭或其他某个地方工作。

我认为这是一个令人振奋的消息，我一直将退休视为对生活的放弃。然而，坏消息是，独立自主可能滋生自私的行为。作为独立的个体，我们往往将自我和未来置于首位，其次才是我们当前的项目、团队或群体，最后才是对组织、社区，甚至有时是对家庭的关注。然而，缺乏承诺就意味着缺乏对他人的责任，而没有责任感则无法孕育出真正的关爱。

　　自由的组合式生活所面临的真正挑战，源于自私社会潜藏的威胁。这是我在本书最后一章中所要探讨的主题。这是一项我无法给出明确答案的挑战，只能提供一些希望的火花。在此，我想分享自己迈入独立生活的历程。起初的艰难让我倍感压力，但随着时间的推移，事情变得越来越顺利。接近 60 岁时，我的生活焕发出令人兴奋的光彩。尽管等待的过程漫长，但却是值得的。我由衷地希望其他人勇敢尝试，并坚持不懈地去寻找适合自己的生活方式和工作组合。放下那些不擅长的事，发掘能够胜任的独特工作，享受工作带来的影响力和独特乐趣，从而实现内心的满足与快乐。

Chapter 9

第九章

重组我们的生活

我用了十年时间，才使我的职业生涯开始起飞。

文学经纪人成功地将我最新的第四本书出售给了一家新的出版商，同时也有了新的编辑。这一次，我尝试了不同类型的写作，目标读者不再是学者、学生或企业管理者，而是普通读者。作者总是希望自己的作品能脱离俗套，我对这本名为《改变》（*Changing*）的书的出版尤为紧张。它描绘了与我们熟悉的工作世界截然不同的景象，挑战了许多人认为理所当然的事。我不确定自己是否能够让读者信服，或者是否能为人们创作出引人入胜的内容。编辑取走了文稿，准备在周末进行审阅，并分享给她的一些同事。

她在周二给我打了电话。"我们认为您应该把书名改作《非理性时代》（*The Age of Unreason*）。"她说道。

"那是个很棒的标题，"我有点儿吃惊地回答说，"但这本书里没有任何关于非理性的内容。"

"那就把相关内容放进去，"她说，"您仔细想想，整本书就是要求人们进行非理性的思考。对了，这本书还缺少一个恰当的结尾。"

我想起了萧伯纳关于非理性之人的有关论述，他认为所有的变革都来自不理性的人，因为理性的人希望世界会一如既往地继续下去。因此，我将相关内容融入书中，并加上了一个颇具感染力和个人色彩的结尾，同时也对书名进行了修改。细想一下，谁会愿意花心思去阅读一本名为"改变"的书呢？

该书的编辑是盖尔·雷巴克（Gail Rebuck），她目前担任兰登书屋集团的董事长，我很高兴她目前依然是我的出版商。她教会了我，因为自尊心或内心的敏感，拒绝接受建议甚至批评是不明智的，尤其是当这些意见来自支持你的人时。我们很难成为自己作品的最佳评判者。作为作者，有编辑的陪伴，我们实属幸运，编辑是作者的伙伴和盟友，而非竞争者。尽管当我的作品被修改，段落被删减，甚至我钟爱的部分被编辑打上问号时，难免内心会感到不安，但接受或拒绝这些建议的修改始终是我的责任。我逐渐意识到，拥有一个愿意与你分享希望和抱负的友善的评论者，实在是莫大的幸运。

这本书的销量可谓喜人。更为重要的是，它在美国出版，并得到了具有远见的出版商卡罗尔·弗兰科（Carol Franco）的支持，他当时正忙于筹建哈佛商学院出版社（Harvard Business School Press）。那是在1989年，当时美国人对来自欧洲的管理和商业理念几乎没有给予应有的重视，普遍认为欧洲是个经济上的烂摊子。在那个时期，几乎没有欧洲的管理学作家在美国出版过作品。对我而言，这无疑是一次突破。突然间，我在英国以外的地方也获得了知名度，其他国家也纷纷效仿美国，出版了自己的版本。我得到《财富》杂志的推荐，随后收到了来自各地的演讲邀请。那时的我变得容易自负，几乎忘记了德尔斐的阿波罗神庙上铭刻的"适可而止"这一原则，幸而我及时想起了神庙铭刻的另一原则——"一切皆应有度"。

当时我也常常会忘记，伊丽莎白同样怀揣着自己的雄心壮志。"我由衷地为你感到高兴，"她有一天对我说道，"但如今我完全被你的生活所包围，几乎没有属于自己的时间和空间。我热爱摄影，希望能有机会去学习这项技术。"

在过去的 5 年中，为了获得摄影学位，她每周都有一天在威斯敏斯特大学学习。最近传来喜讯，她以优异的成绩顺利通过了考试。这一时刻，让我想起自己最近在一本畅销书中提出的一套自己在生活中未曾重视的理论——若不加以警惕，成功可能会蒙蔽你的双眼。

这些理论源自我 20 年前在伦敦商学院进行的研究。那时，"经理人压力"还不是被广泛认可的概念。当时，在观察自己在工作压力和家庭需求之间的冲突时，我想知道是否可以找到一些线索，来揭示工作和婚姻之间难以捉摸的平衡。也许，我认为能找到某种神奇的公式，它不仅能帮助自己，还可能成为一篇文章的素材，甚至一本书的基础理论。不出版，必出局（publish or perish）[⊖]是学术界古老的定律，但那时的我，还没有发表过任何东西。

在那个时候，我手头正好有一组理想的研究对象。这些人是在此之前 3 年参加我所设计并教授的管理课程的企业高管，其中许多人居住在伦敦或其周边地区，因而有可能抽出时间进行访谈。研究对象大多为三十多岁

⊖ 源自美国学术界，是研究型大学里的俗语，意思是搞学术研究的人，必须快速且持续地发表自己的研究论文，以便能够留在学术界或者能走得更远。——译者注

的已婚人士，家中有两个或三个年幼的孩子。最终，有 23 位高管同意参与本次研究。这意味着每对参与研究的夫妻都需要填写一份爱德华兹个人偏好量表（Edwards personal preference schedule）[⊖]。同时，我的研究助理，名叫帕姆·伯格（Pam Berger），一位正在攻读研究生的美国心理治疗师，还将对研究对象进行一次深入的访谈。

当然，这样一个取样维度不佳且样本不充分的研究，充其量只能被视为试点研究。这是那个时代的产物，即使称之为婚姻模式的研究，也深深烙印着 1972 年的时代特征。参与者大多是男性高管，他们显然都属于中产阶层，并且幸福地步入了婚姻殿堂，这是他们第一次，也是他们意识里的唯一一次婚姻，否则，他们根本不会同意参与调查。他们都是英国人，在商业、政府或志愿组织中取得了一定的成就。尽管如此，我仍希望这项研究能够提供一些启示，为后续更广泛的研究提供平衡家庭与工作关系的思路。我甚至在内心深处默默祈祷，如果能提出关于商业界婚姻成功的简单模型，也许我会因此声名大噪。

当然，这一切并没有发生。生活既不可预测，也不可控制。我们所发现的是一些显著的婚姻模式，或者现在被称为各种关系的选择。

该调查在我的《非理性时代》一书中有详细的描述。我们根据问卷的关键评分项将样本分为 4 个区域，评分对应了受访者处理事务的下意识优先选择，可能出于对成就或自主权的渴望，抑或是对关爱和支持而非支配的需求。

我们将这些区域标记为 A 至 D，并在每个区域上标注名称，以示其所代表的优先级组合。B 区域被称为"追求"，因其融合了态度调查中所体现

⊖ 著名的自陈人格量表，被广泛地应用于研究和咨询工作，特别是在职业相关领域。——译者注

的成就感与自主性的较高需求。A 区域被称为"参与"，它是成就与关爱的完美结合。D 区域完全体现了关爱，而 C 区域则代表了完全的自主，因此我们将其称为"独行"。由此，得到了图 9-1 所示的简化图。

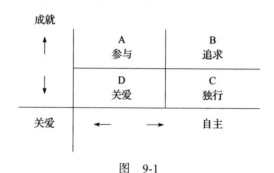

图　9-1

接着，将每对夫妻及其所选区域的字母匹配，赋予它们中性的名称，例如 AA 或 BD。在理论上，可以产生 16 种这样的组合，但我们最终得到了 4 种不同的模式组合。这一切都是基于调查问卷的回答。当比较他们之间的关系和安排生活的差异时，我们发现了一些有趣的现象。

主导模式是 BD，可以称之为传统型婚姻模式（丈夫是 B，是重视自主权的事业成功者；妻子是 D，是关心他人者）。在这种模式中，丈夫的事业成为家庭的核心，所有事务都围绕着他的职业发展展开。妻子在其中扮演着支持与照顾的角色，并对此感到满足，她负责家庭包括抚养孩子在内的各项事务，以便丈夫能够专注于事业的发展。

在竞争型婚姻（BB）模式中，夫妻双方都对事业充满热情，而且也取得了显著的成功，同时在自主性方面也表现出色。他们有相似的全职工作，却没有孩子。这样的生活方式使他们可以享受奢华的生活，拥有跑车和现代化的公寓，外出就餐，挣两份收入，夫妻间友好竞争、努力工作、尽情享受，但白天的生活基本上是相互独立的。

还有独立型婚姻（CC）模式，夫妻二人在自主性方面得分很高，但在其他方面都很低。他们凑合着住在一起，共同抚养孩子，却不分享时间和空间。一个人下班回家后，另一个人就会外出。房子里的每个人都有自己的空间，没有桌椅可以一起吃饭。家庭的每个成员，包括年幼的孩子，都要准备自己的食物和自娱自乐。

最后一种主要的婚姻模式是共享型婚姻（AA）模式，在这种模式中，夫妻双方的角色是共享的。在相关问卷中，双方在成就与关爱这两个维度上均表现出色。因此，夫妻双方不仅各自有工作，也会在需要时共同承担做饭和照顾孩子的责任。与传统婚姻中各个房间功能分明的布局（如餐厅、客厅、书房、厨房等）不同，共享型婚姻的家庭呈现出开放的空间格局，凌乱的家庭厨房成为主要活动场所，家庭成员的各种活动都在这里交织进行。

也许，这些模式并没有太多令人惊讶的地方。研究对象都声称自己很幸福，我们在朋友中也看到过每种模式的例子。后来我们开始与其他群体讨论这项研究。

"你的研究不过是在捕捉婚姻里的一些瞬间，"有些人说，"研究这些模式在更长时间内是否会保持不变才会更有趣。"

"确实如此，"其他人说道，"许多婚姻在开始时都是建立在伴侣间平等关系的基础上，正如你所提到的竞争型婚姻模式。然而，随着孩子的降临，局势往往会发生不可避免的变化。在夫妻二人事业蒸蒸日上的阶段，必然会有一方需要承担起照顾孩子的责任。通常情况下，女性会选择留在家中。随着孩子的成长，她们便逐渐陷入了传统型婚姻模式之中。"

"这并不一定是一成不变的状态，"有人说道，"当孩子们稍微长大后，婚姻将转变为共享型婚姻模式，届时我们双方都将在工作与家庭中贡献自己的力量。"

"我们试过这种模式，"另一个人说，"但压力很大。我不得不拒绝升职的机会，因为这意味着要搬到国内的另一个地方，这对我的妻子和孩子们来说是个坏消息。他们将不得不因此换工作和转学。我们不能在追求事业的同时，忽视了家庭的责任。"

"你们描述的模式是我的生活写照，"一位年长的男士说道，"我们最初是以理想的共享型婚姻模式开始的，接着我升职了，又有了两个孩子，所以转变成了传统型婚姻模式，我的妻子因此放弃了工作。当孩子们长大后，她又重新开始工作，有一段时间我们享受着竞争型婚姻的快节奏生活，但很快就陷入了独立型婚姻模式，去年我们离婚了。"

在人们的婚姻生活中，确实存在着多种模式的转换。经过十年的研究，我遇到了理查德，他是我们调查样本中竞争型婚姻模式的典型代表。可以看出，他体重增加，衣着考究，显然过得相当不错。

"朱迪怎么样？"我问道，暗自思忖他的妻子有一半的可能性已经跟他离婚了。

"哦，她很好，"他说，"我们现在和两个孩子一起住在乡下。她非常喜欢玫瑰花。"

我在反思中领悟到，也许维持一段关系的奥秘，在于能够随着生活的周期变化而灵活调整相处的方式。我注意到，在传统型婚姻模式中，随着孩子的成长与离巢，许多朋友和同事往往难以及时适应这种转变。突然间，身边不再有需要照顾的孩子，父母也已去世或被安置在养老院，昔日将两人紧密相连的纽带悄然消失。此时，夫妻二人仿佛生活在两个截然不同的世界中，各自拥有独立的朋友圈和兴趣爱好。

他们说，有时为了孩子们，或者出于习惯，会一起按独立型婚姻模式凑合着生活。然而，常常有一方找到新的伴侣，开始一种新的生活模式。我的一位朋友娶了一位同事，让认识他的人非常惊讶的是，大家发现他在新的阁楼式的家中烹饪待客，享受着他们共享型婚姻的生活。

我的另一个朋友情况相反，他的妻子在外打拼事业，他已经适应了传统型婚姻模式。他突然间离婚了，和新伴侣一起过着相对朴素的生活。"我觉得自己被原来的模式困住了，"他说，"我想和一个兴趣相投的人分享生活。"

伊丽莎白和我的一些共同的女性朋友，也选择了通过更换伴侣来改变婚姻生活的模式。然而，我决定在新生活中走一条不同的道路。离婚或分居对我而言，并非养育过自己的牧师家庭所承载的传统。我希望我们依然能够相爱。我曾经认为并假设，我们的婚姻是建立在共享模式之上。然而，时光荏苒，我们不知不觉地进入了类似传统型婚姻模式的状态。虽然孩子们已不再需要伊丽莎白的照顾，但她依然在照顾我，这让她不得不牺牲了自己的事业和兴趣。

我们必须做出一些选择。

"你可以给自己找一个秘书，"她说，"也可以加入演讲者的讲师团，如果你支付秘书工资，他会给你找到很多工作，这样我就可以腾出时间专注于摄影了。"

我想起自己多年前的研究成果。她的建议会导致我们进入独立型婚姻模式。我爱她胜过自己的工作，无法接受这种婚姻模式。我还需要她来做事业伙伴，她的直觉、睿智的批评、对我们工作组合方式的坚持、对我的产品的推销、组织的我们的旅行，这一切对我而言都不可或缺。我需要一个团队来接手这些工作，但即使如此，他们也未必能比她做得更出色。我相信，一定还有其他办法来解决这个问题。

很遗憾，我的研究模型并不能给出直接的解决方案。她打理我的工作，就无法开展自己的工作。我们必须找到一种方法来解放她，为她腾出时间两者兼顾。也许，我反思到，除了研究中原始样本采用的那些婚姻模式，还有这些模式结合的模式。我想知道，我们是否可以发明自己的婚姻改进模式？最终，我们决定分解一年的时间，并在我们的组合式工作上，另外增加一种模式。

我同意在冬季的 6 个月内完成所有的有偿工作和公益工作，而将夏季的 6 个月留给她。这段时间我将专注于研究，进行阅读和写作，这些都将成为我发表作品的素材。在她的 6 个月里，我会尽量给予她支持。尽管我不是摄影师，但我可以在她需要时跑腿、打杂，撑伞遮阳或挡雨，担任她的司机或伙伴。更重要的是，我可以为她的摄影书撰写文案，这也是她工作成果的一部分。然而，这样的分工并不像听起来那般简单。在属于她的6 个月中，难免会有一些我提前规划的工作需要进行，而与她的摄影书相关的事务，也往往会延续到属于我的月份。此外，某些特殊的事情可能会打破现有的规则，但当我们都认为这些特殊的事情值得去做时，就不会为此感到内疚。

这样做会打断工作的连贯性。我开始向有意愿的客户解释，夏季是我专注学习的闭关期，希望他们能在其他季节再与我联系。然而，并非所有人都能理解这一点，我也必须接受这一现实。相比之下，伊丽莎白的借口显得更加容易被接受——冬季缺乏足够的自然光，这与她的摄影风格不符。然而，并非所有的客户都愿意等待 6 个月，才拍摄订婚照或具有特殊意义的圣诞照。我们发现，对请求服务的客户说"不"需要坚定的意志，但一开始，我们允许了太多例外情况的发生。

即使如此，我们依然需要承担家务。家中已不再有年幼的孩子需要照顾，也没有在世的父母需要关怀。然而，我们两人整日忙于工作与接待客户，常常在家中召开会议，也时常招待朋友，这意味着我们必须处理家务。我们往返于伦敦和乡下，致力于创作工作。我们在这两处的时间大致相当，因此约定每人负责一处的餐饮与家务。我选择了乡下，部分原因在于，烹饪是缓解阅读与写作这种纯脑力活动造成的疲劳的绝佳方式。而伊丽莎白则乐于在城里的公寓打理家务，这样她便能在乡下专注于摄影，减少家务的干扰。

这是我们为自己定制的生活方式，产生了意想不到的效果。我们几乎从未离开彼此的视线或听觉的范围。一次会议上，一位管理顾问颇自以为是地安慰伊丽莎白，称赞她能耐心地与一个他认为长期在外工作的人结婚。

他说，我很钦佩你们这些妻子能忍受我们长期不在身边的生活。"告诉我，你丈夫离开你的时间最长是多久？"

伊丽莎白甜甜地笑了笑："大约 50 分钟，是他去超市购物的时间。"

我们钟爱这种生活方式，这让许多人感到意外。那句古老的格言"她嫁给他是为了生活，而不是为了和他一起吃午餐"，似乎与我们无关。或许，我们都回到了童年生活的起点。我的父亲每天都在牧师的宅邸里享用午餐，而伊丽莎白的父亲则是一位驻扎在城镇的军官，通常在上午晚些时候回家。在我爱尔兰乡村的童年时光里，没有家人会在午餐时缺席，甚至连商店主和律师的家都在他们工作地方的楼上。

我们喜欢结识彼此认识的所有人。在我们的新生活中，几乎没有私人友谊或联系，没有秘密的情人或一起酗酒看球的朋友。我们就像连体双胞胎一样，要同我们相处，在生活的几乎每个方面，都必须同时接受我们两个人。

这是我们对共享型婚姻模式的理解。然而，在大多数时间里，它也呈现出独立型婚姻模式的特征。我们各自在不同的房间中专注于各自的工作，承担着不同的职责。我们是性格迥异、习惯各异的人，仅仅观察我们的工作空间，便能明白我们无法在同一房间内共事，甚至连厨房也难以共享。这样的生活并非没有压力。共同生活需要彼此对各自差异的包容，而我有时也会担忧，如果其中一方出现失误或疏忽，对方并不总是能够保持包容的心态。

我们的生活如今与共同度过的前 25 年截然不同。我时常觉得我们仿佛又经历了一次婚姻，重新发现了彼此的新奇之处。但这依然是同样的两个人在共同经营着婚姻。因此，在这段"第二次婚姻"中，关于旧相册或房产等财产的归属并不会有争议。曾经，我在工作与家庭之间游走，仿佛是两个独立的自我，难以确定哪一面才是真实的我。然而，现在我别无选择。起初我感到权利被剥夺，但随之而来的是一种释然的轻松。

我们对生活的划分方式并不适合所有人。首先，能够将工作整齐地分为两个部分的人屈指可数，尤其是作为合作伙伴的双方都能做到这一点，这几乎是独一无二的。很少有夫妻能够发现彼此的才能如此契合，以至于双方都能为对方提供支持。此外，时机的把握也至关重要。在我们年轻的时候，这种平衡往往难以实现，因为当时身边有孩子，还有按揭贷款和一堆账单需要支付。

对于许多人来说，这种风雨无阻、日夜相伴的生活似乎过于舒适，几乎令人难以置信。大多数人渴望拥有更多的空间，去做回真实的自己。我曾经也不相信这样的生活是可能的。我提到这种生活方式，是为了说明在重新塑造独立而灵活的生活模式的过程中，人们能够，甚至有时是不得不达到怎样的高度。许多人已经找到了自己的生活方式。想想那些演员、运动员、医生、建筑师、顾问等各行各业的人，他们常常会与同行结为伴侣，却很少能在同一时间和地点一起工作。我曾认为，更多的人将过上演员般的生活，并拥有演员般的婚姻。此外，还有许多共享型与独立型婚姻模式。一些夫妻可能生活在不同的城市、国家，甚至大陆。他们会在一起度过一段时间，互换角色，融入对方的生活空间，或许是一个周末、一个月，甚至两个月。他们表示，这段共同生活的时光，关系的亲密感大大弥补了分开时的思念之苦。同时，他们发现，分开时反而能够更加自由地专注于各自的事业。

事实上，有效地分割自己的时间，对于任何想要控制生活的人来说，都是必不可少的。农业时代传统的假日是星期日和节日，现在已经被工业时代更长的假日，如周末、法定假日以及年假所取代。现代的信息化和全球化时代给人们带来了新的压力。无论何时，世界上总有个地方门庭若市并且有人在工作，即使是 12 月 25 日，这个基督教世界中人们休息的日子。现在，只有英国的铁路会在这一天停止运行。7 天 24 小时全天候的工作模式不再局限于医院和酒店行业，原先只有这些行业始终秉承该模式。法定假期越来越长，但手机和电子邮件的出现，意味着工作会跟随人们到海滩或游泳池边。

我曾参加过一家大型跨国公司发布愿景和价值观的会议，现场有该公司的 30 位高管出席。此次活动旨在通过书面形式确立指导公司所有政策的原则。在公司宣言的第六条中，明确指出鼓励员工保持工作与家庭之间的良好平衡。就在这时，有人举手发言。

"那么，为什么我们要在星期天开会？"举手的人问道。

"因为这是大家唯一都有空的一天。"首席执行官回答道。

在大多数组织和跳蚤般的个体的生活中，理想的愿景常常被无情的现实所击败。

无论我们如何努力在晚上关闭工作场所的大门，尤其是周日，随着截止日期的临近或新想法的涌现，人们总是难以抵挡回到工作的诱惑。工作常常令人振奋，有时甚至比其他选择更具吸引力。在伦敦商学院成立之初，我常常难以离开那些愿意支付高昂学费、对学习充满热情的学生，他们渴望从教师那里汲取知识与智慧。尽管一些组织曾尝试在晚上和周末锁上公司大门，以防止员工过度工作，但如今却发现信息可以跨越所有障碍进行传播，人们依然在家中的电脑、电话和传真机上继续忙碌。

法国人正在勇敢地挑战全天候工作制，法律规定工作时间每周不得超过 35 个小时。这一举措受到按小时计薪工人的热烈欢迎，他们几乎一致认为，这为他们提供了更多与家人共享时光和享受生活的机会。然而，组织仍需在相同时间内完成工作，因此 35 小时被分摊至全年，这使得企业能够根据自身需求灵活调整工作时间，同时考虑个别员工的需求。实际上，法国的生产率有所提升，这在一定程度上归功于这一政策，这项政策也创造了一些新的就业机会。尽管缺乏统计数据来验证这些结果，但无论是在办公室还是在家工作，人们有理由相信，采用新的灵活工作时间的员工，工作时长有所增加。

新的法律规范带来的灵活性，最终将促使越来越多的员工以某种形式成为自我雇用人士。即便他们并未受到诱惑，但利用新获得的空闲时间，来完成更多工作以赚取额外收入的趋势也在增强。这一变化将鼓励组织与组合式工作者合作，以更好地应对法律的约束。法国或许将成为一个充斥着跳蚤般的个体的工作狂乐园。

过去关于工作与生活的传统分类方式已不再适用，人们亟须创造新的划分标准。我坚信，在未来的几年中，组合式工作的理念将逐渐渗透组织的内部运作。已经有迹象表明，越来越多的人开始重视所谓的工作与生活的平衡，仿佛这两者是独立的概念。在新的法律中，产假得到了延长，夫妻双方均可享受这一权益，组织也愈加愿意为那些希望留住的人才提供休假福利。更为重要的是，许多人意识到，他们用自由换取的奖金或股票期权并未带来预期的满足，反而会感到深深的失望。

为了吸引并留住新一代人才，组织需要允许核心员工构建个性化的混合工作模式。这种模式可能包括：在家庭生活的特定阶段，灵活安排照顾家庭的时间、参与特定的学习、参与本地社区的志愿活动，甚至在组织内部转换多种形式的付薪工作。那些已经设立互联网子公司或内部风险投资基金的组织，采用混合工作模式往往不仅是出于对创造新未来的实际需求，更是为了向员工展示它们并非古板守旧的传统公司。

已经有研究表明，采用组合式工作、弹性工作制和轮班制（主要受到女性的青睐）不仅提升了生产力，还极大地增进了工作满意度。英国电信公司（BT）认为，弹性工作制对于某些部门的人才留存非常重要。大象般的公司需要跳蚤般的个体，而跳蚤般的个体往往渴望主宰自己的生活，并构建属于自己的组合式工作。如果他们能在组织的庇护下做到这一点，可以更好地实现这一目标，同时将有效避免外部组合式生活所带来的诸多负面影响。

随着组织放宽其工作安排，人们在生活中定义自己时间的自由度也增加了。我们应该利用这种自由，即使会因此损失一些收入，也要重新平衡自己的工作与生活。人生的优先事项，往往在自己终老时看起来会有所不同，届时你可能会希望当初的选择有所改变。然而，我们可以选择更早地做出明智的决策。诺贝尔奖得主经济学家阿马蒂亚·森（Amartya Sen）坚信，财富不应仅仅以所拥有的物质来衡量，而应以能做到什么为标准。合理地划分时间，正是我们依据阿马蒂亚·森的观点实现更大富足的机会。

Chapter 10

第十章

最后的思考

我一直在庆祝独立后的生活，并不是因为我相信它是所有人的理想，而是因为这可能是我们中的许多人即将面对的未来。

坦率地说，一想到一个只有跳蚤般的个体、独立个体和小组织组成的世界，我就充满了恐惧。如果自由的另一面是孤独，那么独立的另一面就是自私。追求自身潜力的实现，或许意味着对他人需要的可能性的忽视。

我感谢最好的大象般的企业，感谢雇主组织和各类政府机构。尽管它们在某种程度上限制了我们的自由，却也将人们紧密团结在一起，促使我们为了共同的目标而努力奋斗。换句话说，由于有政府的存在，我们愿意为他人的需求牺牲一部分自由。美国民主制度奠基人之一詹姆斯·麦迪逊（James Madison）曾经说过，人类的脆弱恰是构建良好政府的最佳基石。我们难以兼顾自身与邻里的福祉，而政府的使命正是帮助我们弥补这一不足。

过去，我们依赖各种社区来分担一部分负担。但是组成这些社区的工作组织、家庭和邻里，正在我们眼前发生变化。我们中的大多数人曾经都属于这些群体，享有从成员身份中衍生出的权利，承担着相应的责任。现在我们只想要获取权利和享受，不愿承担责任。我和其他人一样，喜欢在城市里隐姓埋名，因为这样就不会承担任何义务。

但是，我对那些生活在紧密联系社区中的人心生羡慕。他们的朋友彼此相识，并在社区中扮演着重要角色。当有人去世或离开时，往往会被许多人怀念。我开始理解，为什么有些人愿意冒着生命危险去捍卫巴尔干半岛及其他地方的部落社区。因为在这些社区中，他们的承诺得到了回报，能获取归属感并感受到自己的重要性。相比之下，我怀疑如果我从邻居的生活中消失，他们可能既不会察觉，也不会太在意。

我可能在这个时代中并没有那么不同寻常。我不愿意把时间抵押出去，而有些人的选择似乎更为极端。他们认为对任何人或事情的长期承诺，都像是抵押了整个未来，限制了本可以选择的各种可能性。当我小表妹的恋人拒绝和她结婚时，对她说："我觉得你在承诺方面有问题。"对许多人来说，无拘束地自由自在地生活是人生的首选，无论是年轻人还是老年人，而对伴侣或公司忠诚，则被视为野心和效率的非理性羁绊。

终身雇佣关系既不需要也不会再受人们青睐。雇佣双方都希望保持选择的开放性。"死亡才会将我们分开"，这是我在婚礼当天许下的誓言，被许多人视为是浪漫但不现实的理想之词，另一些人则认为这只是愚蠢的代名词。我们的两个孩子都没有确立长久恋爱关系的想法，用现代的话来说，他们是选择成为越来越多的单身族的一部分。如果他们决定结婚，那么签署假定长久恋爱关系会结束的婚前协议会变得越来越普遍。"朋友会伴随一生，但恋人却来去匆匆。"当我们谈论女性与某位伴侣生育了孩子，仿佛只是讨论赛马生下小马般随意。这种现象被称为"关系更替"（relationship churn）[⊖]，是新时代下的新词汇。承诺已被选择所取代。

因此，许多家庭如今往往是拼凑而成，而非共同成长，家中充斥着继父、同父异母的姐妹等新成员。无论新的大家庭如何维系，潜藏在其中的信息显而易见：选择的重要性已超越了承诺。越来越多的女性和男性为了保持独立，选择不生育，从而避免陷入这一复杂的局面。事实上，发达国家的生育率下降，或许正是独立生活方式盛行的意想不到的结果。如果全球较贫困的一半人口，能够跨越大象般庞大的经济体的路径，选择更为灵活的工作和生活方式，我们甚至可能见到世界人口逐渐减少的现象。

尽管家庭经历了诸多变迁，但至少不像其他类型的社区那样显露出虚拟化的迹象。例如，互联网提供了众多免费的虚拟社区和工作网络。这些平台不仅能够启动或加深真实的友谊与职业关系，还为那些渴望减少承诺的人，提供了无责任的友谊与轻松的沟通。尽管虚拟社区可能带来乐趣，但往往只会制造出亲密关系的错觉和社区归属的幻影。一位朋友曾经告诉我，他惊讶地发现自己的电子邮件通讯录中竟有 700 个联系人。"我现在再也不会感到孤独了。"他说。然而，电子邮件通讯录与真正的友人或共同奋斗的团队之间，仍然存在着不可逾越的距离。

我们是否应该对越来越多的人，不再隶属任何正式团体的现象感到忧虑？或许，这确实值得我们深思。缺乏归属感与承诺的生活，意味着个体不再为他人承担责任。独立的生活方式如同自私的温床，助长了高度个人化的社会的形成。在没有责任感的环境中，道德的界限似乎也会随之模糊。由跳蚤般独立的个体和小企业构成的世界，可能演变为缺乏道德约束的空

⊖　一段分分合合，经常反复的感情。——译者注

间。在法律的框架内，或者更现实地说，只要不被发现，任何行为都可以被视为合理，追求个人利益的最大化似乎会成为唯一的选择。

问题在于，如果我们以这种方式运作，便必须假设他人也会如此。在这样的世界中，信任会显得愚蠢而脆弱。每一份协议都需以书面形式签署，并具备法律效力。律师们将会忙得不可开交，而法院则难以承受大量的诉讼。在这个暴力行为更加普遍，甚至愈加合法化的世界里，生活的空间愈加危险，因为每个人都不得不保护自己。家园仿佛变成了封闭的监狱；当我们走出家门时，必须学会自我武装。即使不携带枪支，也要准备防狼喷雾和警报器防身。我们通过纳税来履行应尽的责任，并寄希望于政府来处理他人所带来的问题。

鲍勃·泰瑞尔（Bob Tyrrell）被誉为英国杰出的社会趋势分析家之一。他将当今世界描绘为"竞争性个人主义"（competitive individualism）的时代。在他设想的未来场景中，权力的天平可能会逐渐向个体倾斜，而非企业。个人将通过互联网展示自己的能力，邀请他人竞标自己的时间。例如，医生和教师可能会选择独立工作，或与少数合作伙伴携手，接受医院和学校的雇用。这将是一个充满活力的时代，工作与娱乐无时无刻不在，许多人可能会选择在非传统的时段进行娱乐或工作，因为在这些时段，他们能够享受折扣或额外的报酬。人们将更多地通过所购买的物品和所选择的生活方式来定义自我，而非工作或居住的地点。美国人"越努力工作，便能获得越多物质"的观念，将逐渐压倒欧洲人认为工作只是生活一部分的看法。

似乎世界的一切都为那些跳蚤般灵活的个体所设计，形成了一个赢家通吃的局面。家政服务的定义也随之演变，以满足用户的需求。如今，越来越多的个人服务提供者，包括厨师、保姆、园丁，甚至全身理疗师、私人教练和购物助理涌现，他们共同努力，使成功者的生活更加美好。然而，令人唏嘘的是，这些服务者同样是独立的跳蚤般的个体，而非企业的雇员。

其结果是，沉浸在这个日益不平等、日趋独立的世界中的人，与那些难以应对挑战的人之间的鸿沟越来越大。政府的回应是，努力提升更多人的竞争技能与资格，然而无论这些努力多么值得赞赏，这场比赛对于后发者而言，似乎注定难以追赶，除非他们幸运地遇到一个在心中播下金种子的人，并开始追逐梦想，持续寻找内心的激情。我发现，开始独立生活的过程对我而言虽然艰难，但至少我曾在那些庞大的企业中长时间积累了学徒经历。对于那些刚离开校园，没有组织可供实践的人来说，这一切无疑会更加困难。

这是一个我所熟悉并曾深度参与的世界，尽管它的内涵让我感到不寒而栗。我能够理解人们为何提倡回归社区，为什么会持续讨论与权利相关的责任。我明白，即便在二十多岁时追求过自由的生活，大多数人最终仍会成为稳定组织中忠诚的长期雇员。有些人可能会篡改统计数据，以此来安慰自己，坚信世界并未真正改变，尽管大多数人心知肚明，变化正在悄然发生。

然而，还有另一种可能性：世界以不同的方式改变。

这个时代或许正迎来多样化个人主义的兴起，这与竞争性个人主义截然不同。我们可以选择与他人保持差异，而非一味追求超越。这样的局面或许能让每个人都获得成功，而不是让某些人赢家通吃。我们有权定义什么是胜利，胜利的意义可以因人而异。多样性不仅体现在我们对各种生活方式的接受上，更在于不再将生活视为各种各样的竞赛。

在鲍勃·泰瑞尔对未来的构想中，他描绘了一个重视个体差异的社会。在这个社会里，追求自我实现与尊重他人同样重要成为新的哲学理念。商业活动将因其应有的价值而受到认可，而生活的其他方面则将以不同的节奏和同样合法的价值观运作。泰瑞尔认为，志愿服务、公共服务都可能重新赢得社会的尊重。从绿色和平组织到关怀老人组织等各类社会团体，将获得政治合法性，超越每五年一次的选举，成为影响政府的更有效组织。

事实上，我们可能会遇到两种情景：竞争性个人主义与多样化个人主义。竞争性个人主义尤其适合年轻人和有志之士，它是推动创新与创造力的源泉，鼓励人们创业，并促使各类机构不断进步与发展。缺乏这类活力的国家或企业，终将面临衰退。然而，并非所有人都乐于面对由此带来的激烈竞争，尤其是随着年龄的增长，这种情绪越发明显。

随着我中年时期的雄心耗尽，我曾经该做的事情都尝试过了，但更实际地说是尝试过也失败过。我发现自己想改变生活的重心，让生活更缓慢、更温和，有更多时间思考、交友和反思工作，工作的截止日期和要求更少一些。我并不想退休，而是想重新调整自己的生活，留出更多空间做其他事情。我和妻子想到的解决方案虽然目前独一无二，但随着社会的人口结构发生变化，未来将会涌现更多健康且充满活力的中年人，他们有信心为自己生活的下一个阶段设定优先事项，重新划分生活的时光。这一趋势，可能会与各国政府鼓励公民更多地为自身命运负责的方针相呼应。然而，面对缺乏组织的雇佣保障和国家的充分支持，无论是否有能力去做，新时代的中年人都将不得不独立做出选择和安排。

但是，他们将拥有比任何其他年龄段的人更多的投票权。这种权力会被用来服务于个人利益吗？他们会倾向于支持那些承诺提供更高养老金和补贴，但这些补贴的负担将由下一代人承担的政党吗？抑或，他们会推动更多地方事务由本地自主决策，减少一刀切的政策，努力建造更宁静的街道，制造更优质的飞机，创造更清新的空气和更环保的组织吗？新一代的中年人会成为 20 年前哈佛大学校长金曼·布鲁斯特所称的"可以托付的人"吗？希望他们能够迎接这一挑战，行使投票权不仅是为了个人利益，更是为了整个社会的福祉。

这个群体将逐渐展现出其独特的购买力，引领新的时尚潮流。有预测表明，他们将越来越倾向于购买时间和服务，而非单纯的实物商品。健康保健、旅游、教育以及个人服务将被视为未来经济的增长点。尽管技术将发挥辅助作用，但这些领域更注重人际互动而非高科技，这或许预示着更加个性化和友好的商业环境。他们甚至可能会影响企业的客服部门，促使其在电话那头安排真人接听，而非冷冰冰的语音服务。从乐观的角度看，这个群体能够利用自身作为新兴消费者的力量，去影响大型企业的行为，抵制剥削型企业，支持环保型企业。这个群体会发现，他们的综合购买力将创造出新的时尚。

个人如果愿意，将有更多机会在组织中发挥作用。这是因为尽管合并后的联合组织可能会变得更大，但组织的具体操作部门会变得更小、更易于接近。政府不可避免地会先朝着联邦化的方向发展，尽管英国人可能不愿意使用这个词，因为他们会本能地对其产生不信任感。鉴于地区的多样性，更多的决策将不得不在地方上做出，更多的资金将不得不在地方上筹集。在欧洲，民族国家将通过欧盟总部布鲁塞尔的协调使各国的步调保持一致，以应对更多地区多样性需求的双重压力。联邦主义的核心原则，也就是辅助性原则，终将成为现实。

志愿服务的前景令人期待，预计将为当地社区提供更多兼职参与的机会。政府将更加依赖公民社会机构，以获取支持和建议。尽管这一举措可能被宣传为培养良好公民，但其背后往往是经济因素的驱动。如果依靠当地热心人士和善良志愿者提供免费的服务，成本会得以降低，且服务质量或许会更优。无论动机如何，这一趋势无疑将增强社区的凝聚力。我最近注意到，许多刚退休的朋友们，正在为需要前往医院或赴约的老年人和残疾人士提供志愿驾驶服务。"这么做让我能与一些有趣的人交流。"他们总是这样说。在他们看来，不参与志愿工作将使他们永远无法结识这些邻居。

遗憾的是，即便对未来持有更加乐观的态度，这条道路也未必一帆风顺。如果任由自己的选择主导，我们可能会倾向于与志同道合的人聚集，构建一个独特的社区。然而，仅仅如此，即使出于善意，也难以自然而然地与那些和我们不同的人建立联系。社会的裂痕依旧可能加深，围绕国家主题的各方的凝聚力会越发微弱。那种令人难以捉摸却至关重要的社会黏合剂——社会资本，或许会逐渐流失。恐惧、怀疑与不宽容的情绪可能会滋生，种族主义、年龄歧视和部落主义的现象也可能愈演愈烈。届时，"各自安好"的理想将会成为镜花水月。

社会将走向何方？前景并不乐观。

我回忆起 1981 年时对社会的乐观希望。

我曾经以为，随着社会的富足，人们会变得更加平静。然而，事实恰恰相反，人们似乎越发狂热。我曾希望财富能够使人变得更加友善与宽容，然而，他们却日益展现出竞争的本能，愈加保护自己所拥有的一切。我曾设想，有些人会因工作过多而缺乏休闲时间，另一些人则正好相反，而理想的状态应是两者之间的平衡。我们的父母一生辛勤工作了 10 万个小时，而我曾预期，得益于生产力的提升，我们的孩子只需工作一半的时间。可我的想法实在太过天真，大多数人似乎更倾向于追求财富，而非享受闲暇时光，如果有可能，他们甚至愿意继续工作 10 万个小时。

经济的发展似乎只是将人生这场如赛马般的竞赛的赌注提高，却并未真正消除其中的障碍。我曾提到，公平分为两类：一类是每个人应得的公平，另一类是每个人所需的公平。只有当人们认为后者得到了满足，前者才能勉强被接受。这是一项唯有政府才能承担的责任。长期以来，英国人和美国人一直将注意力集中在第一种公平上。

全面的国家教育旨在为每位英国人提供平等的生活机会。然而，这一目标尚未完全实现，因为现行体系未能充分考虑每位年轻人的个体差异、独特才华、不同愿望和学习方式。如今，国家教育正在不断改进，可以为特定的学生提供多样化的课程选择，但仍需进一步努力。这一任务也主要依赖于政府的推动与支持。

我曾经希望新兴技术能够让更多人选择在家工作，从而重建类似农业时代那种包容的地缘社区。虽然我自己并不渴望这样的社区，但我认为其他人会有这样的需求。然而，我错了。大多数人依然渴望建立兴趣小组、工作圈子，并且享受办公空间和彼此见面的亲密感。尽管如此，这种情况正在逐渐发生变化。新一代居家工作者利用技术并不是为了增强本地联系，而是为了进行全球互动。他们更倾向于待在家中，而不是与邻居们建立和谐的关系。

20年前，生态学和有机学等概念逐渐进入公众视野。蕾切尔·卡森（Rachel Carson）在《寂静的春天》一书警示人类即将面临生态灾难。那时，我满怀希望地关注着全球峰会后签署的各项协议，以及日益增多的国际会议。然而时至今日，我们依然听到环境受到威胁、森林消失、海平面和气温持续上升的消息，但很少有人对此表现出足够的担忧并采取实际行动。常有人问，一个人的力量又能如何改变世界，随后便拂袖而去。

我曾希望，随着人们对精神生活的日益关注，我们能够迈向一个更加互相关爱的社会、一个关注边缘群体的社会。我曾认为这是解决社会困境的出路。然而，新时代的人们似乎更加专注于自我，追求个人的救赎与解脱，渐渐远离外界而非积极寻求与外界的联系。

当旧的生活结束或受到动摇时，人们需要找到新的生活方式来替代，并相信自己在这个世界中有能力做到这一点。宽恕对个人成长也至关重要。如果无法原谅敌人，我们将永远与他们纠缠不清。有时，原谅自己甚至更为困难。

我认为，每个人都有善与恶的两面，而活着的目的之一便是抑制邪恶，弘扬善良，这不仅关乎自身，也关乎他人。我相信，生活的意义在于不断追寻自我的真理，也就是说，按照良知去生活，勇于承担自己的责任，而不是选择逃避。我深知自己何时会口是心非、迎合他人，或者明明知道事情的真实后果却选择视而不见。

我想起了一位非常务实的人物——"潜力"布朗。他是一位景观设计师，在英格兰为许多豪宅设计了美丽的园林。之所以被称为"潜力"设计师，是因为在勘察客户希望改造的景观时，他常常会说："这个地方很有潜力。"意指这片土地蕴藏着巨大的发展空间。如果这种称呼代表着尚待开发的良好潜力，那么我也乐意被称为"潜力查尔斯"。不过这并非易事。有一次，有人问我的朋友："你对自己不会感到厌倦吗？"这个问题很有深意。有时人们确实会渴望突破自我，追求更高的目标。

寻找"潜力"的信念长期支撑着我前行。然而我认识到，这只是一个跳蚤般个体的信仰，它不会团结一个民族，也不会引领重大的改革。我希望这种"潜力"能成为人性化社会的核心，但需要伴随一种关注他人的文化。无论利己主义的道德观多么明智，都需要另一种关爱他人的道德来平衡。

但愿我们能做到。

我所能做的或许是人们能做的绝大部分事情，就是按照自己认为应该采用的方式生活。我的生活，变成跳蚤般的个体的模式已经 20 年。如果我能再活 20 年，届时我将年近九旬。我的文件中有一封写给孩子们的密封信件，我要求在我本人去世后才能打开。信中记录了我日常工作生活的一些平凡细节，还包含了我对生活优先事项的思考，这是我希望在我父亲去世前与他讨论的内容。我偶尔会更新这封信的内容，并反思在早期所说过的话。我注意到，随着时间的推移，野心逐渐消退，生活获得了新的、更温和的色彩。

有一句话叫"幸福就是有事做，有希望，有所爱"。我渴望永远沉浸在这种幸福之中。